心态若改变，态度跟着改变；
态度改变，习惯跟着改变；
习惯改变，性格跟着改变；
性格改变，人生就跟着改变。

——马斯洛

中国商业出版社

图书在版编目（CIP）数据

左右你一生的心态 / 沛霖·泓露著. -- 北京 : 中国商业出版社，2017.5
ISBN 978-7-5044-9721-5

Ⅰ. ①左… Ⅱ. ①沛… Ⅲ. ①人生哲学－通俗读物 Ⅳ. ①B821-49

中国版本图书馆CIP数据核字(2017)第031583号

责任编辑：姜丽君

中国商业出版社出版发行
010-63180647　　www. c_cbook. com
（100053　北京广安门内报国寺1号）
新华书店经销
永清县晔盛亚胶印有限公司
*
720×1000毫米　16开　16印张　200千字
2017年6月第1版　2017年6月第1次印刷
定价：38.00元
* * * *
（本书若有印装质量问题，请与发行部联系调换）

前　言

有什么样的心态，就有什么样的人生。

一个人是否能在激烈的竞争中获得最终的胜利，最重要的不是他的个人能力和经验，而在于他的态度。

成功者相较于失败者，最大的区别就在于前者以一种积极乐观的态度去对待人生中各种莫测的际遇，而后者却用一种消极悲观的态度来面对一切。很多事情就是这样，同样一份工作，当你用不同的态度去对待时，各种的结果就会截然不同。正如一位哲学家所说："成功与否并不取决于我们是谁，而取决于我们持有怎么样的态度。"

每个人的人生历程都不可能一帆风顺，难免会遇到各种失败和挫折，如何对待失败和挫折，对于每个人来讲都将是考验。很多人都追求成功而害怕失败，一时失败就会表现出一副愁眉不展的样子。实际上，失败并不可怕，关键是你对待失败的态度是怎样的。

用乐观的心态来排除一切阻碍我们前进的障碍；坚定自己战胜挫折的信心和勇气；向着目标努力奋斗。而保持这种态度需要充分地发挥自己的意志力，把阻碍我们的困难与挫折当做是一次挑战和考验。

人的一生不可能是风平浪静、一帆风顺的，如果真有这样的人，那么他也并不快乐，因为他失去了做人的真正意义。由于在我们的生活中会遇到许多的坎坷和困难，所以我们需要勇敢地去进取、去面对，若不去正视与克服这些关隘，就会彻底地堵塞通往成功的大路，而克服这些困难就需要我们具备这种知难而进的精神，如果具备了这样的精神，那么我们通向成功的必经之路也就为之打开了。

上天是公平的，成功也是公平的，没有谁的一生永远是平安、幸福的，也没有谁的一生永远是挫折、贫穷的。在我们的成长过程中，常常会面临着成功、失败、就业、创业、晋升等问题，但是不管怎么样，我们都需要以一种积极乐观的态度来迎接困难的挑战，只有这样我们才会得到成功的青睐。

目　　录

第一章　心态决定命运

同样一份工作，当你用不同的态度去对待时，各种的结果就会截然不同。正如一位哲学家所说："成功与否并不取决于我们是谁，而取决于我们持有怎么样的态度。"

第二章　放飞心灵的自由

你若改变不了环境，那你就试着去改变自己；你若不能改变风向，那就调整风帆；你若改变不了温度，那就增减衣服；你若没有漂亮的容貌，那就绽放出自己的微笑；你若不能事事顺利，那就让自己学着乐观起来。

第三章　平静度过心情低谷

消极的观念能把人积极的心态吞噬掉。对于成大事而言，拒绝让消极的观念入侵大脑，是正确面对人生、赢取事业发展的重要一个方面。

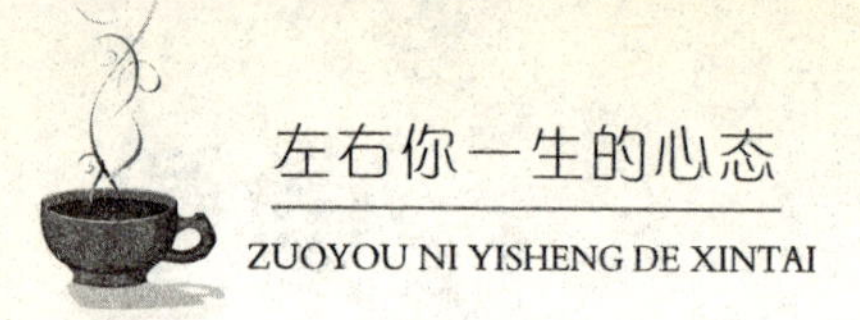

第四章　压力与动力并存

忧虑是一种目前流行的社会通病，几乎每个人每天都花费大量的时间为未来而担忧。他们为自己、家人和社会的未来而忧虑；他们担心自己的身体生病，他们害怕别人与自己中断关系，他们担心自己所处的社会变得一团糟——不能说他们完全是“杞人忧天”，但这种行为至少也是一种毫无益处的行为。这就像席勒说的：“烦恼是一把摇椅，它可以使你有事可做，但却不会使你前进一步。”

第五章　欣赏自己，做心态的引导者

人生若想有所作为，就必须战胜自卑感。自卑会扭曲现实，给生活带来无谓的思想负担，使一个人的生活道路越走越窄。

第六章　体谅他人的心情

人活在世界上并不是一种简单的存在形式，每个人身上都蕴藏着巨大的潜能，你应当充分利用自己生命中的每一时刻。有许多人的生存状态可谓是半死不活，日复一日、周而复始地重复着同样的工作，没有生活目标和方向。

第一章 心态决定命运

同样一份工作，当你用不同的态度去对待时，各种的结果就会截然不同。正如一位哲学家所说："成功与否并不取决于我们是谁，而取决于我们持有怎么样的态度。"

态度决定命运

一个人能否成功，关键要看他的态度。成功者与失败者之间的差别是：失败者的人生是受过去的种种失败与疑虑引导支配的。成功人士则刚好相反，他们始终用最积极的思考、最乐观的精神和最辉煌的经验支配和控制自己的人生，成功者对待任何事情都有一个好态度。

曾有专家做过这样一个份调查：他们对两个学历、能力、爱好等其他各方面因素都比较相同的人做了一个长期的跟踪调查。经过十几年跟踪调查后发现，两个人的成败与否并不是因为其他方面因素，而是因为他们对所做事情的态度。其中一个之所以能取得成功、过上幸福快乐的生活，是因为他遇事永远都会用积极乐观的态度去面对。而另一个人的生活始终都充满了忧虑，虽然也取得了一些成就，可各方面压力让他觉得生活是那么的压抑，丝毫没有体会到成功带来的喜悦和幸福。

态度对人生有着巨大的影响。从古至今，那些取得成功的人，往往都是一个怀有乐观、向上心态的人，无论面对任何事情他们始终都不会改变这一良好心态。

佛家认为，物随心转，境由心造，一切皆由心生。也就是说，一个人以怎样的心态来面对人生，相应的就会有什么样的命运。那些成功者之所以能取得成功，往往都是因为他们具有积极乐观的心态，良好的心态是他们取得成功的基石。一位伟大哲学家曾这样说道：“要么你去驾驭命运，要么命运驾驭你。你的心态决定了谁是坐骑，谁是骑师。”

一个人能否成功，关键在于他的心态。成功人士与失败人士的差别就在于成功人士有积极的心态和高昂的热情。的确，心态是真正的主人，你的心态决定了谁是坐骑，谁是骑师。成功者与失败者之间的差别就在于：成功者拥有积极的心态，失败者拥有消极的心态。成功者运用积极的心态支配自己的人生，他们始终用积极的思考、乐观的精神和丰富的经验控制着自己的人生。失败者总是运用消极的心态支配自己的人生，他们一直都在接受失败的引导，他们长时间生活在空虚、悲观、失望之中，所以迎接他们的只是失败。

小时候的富克兰林，是一个非常胆小的男孩。惊恐的表情总是浮现在他的脸上，即使当他面对师长或面对一些生活中极为普通的事情时，他通常也会心跳加快，呼吸就像喘气一样，他总是低着头不敢面对老师和同学。但是，后来富克兰林凭着积极的心态和奋发的精神，终于成为一位最得人心的美国总统。在他晚年时，他少年时的缺陷已经被世人忘记了，人们记在心里的只有富克兰林那充满自信的表情。

任何人的一生都不可能永远一帆风顺，所有人都会遇到一些挫折和失败，但这并不是我们怨天尤人、自甘坠落的理由。人的一生中，原本就是一个不屈战斗的过程，为了在事业上取得成功，为了自己的生活过得更加快乐，就必须面对现实，并积极乐观地去迎接挫折，这样才可能实现自己的目标。面对环境的不利因素，成功者可以用良好的心态去面对，对于他们而言，任何困难都不能阻止他们通往成功的脚步；相反，只有那些失败者才会受到不利因素的影响，甚至一些小小的困难都会成为他们难以逾越的鸿沟。

一个人的成功与失败在于他的一念之间，当你认为自己是一个非常优秀的人时，你的精神状态就一定是积极乐观的，你的言行举止也必然是积极向上的。如果你每天都是一副失落的表情，那么，你给他人和自己带来的将是一种失败的感觉。

1925年，沈从文26岁，凭借着在上海文坛的积极打拼，名气不小。当时任中国公学校长的胡适很欣赏这个有作为的年轻人，便聘请他为该校讲师。但是名气毕竟不是胆气，只有小学学历的沈从文在他第一次走上讲台的时候，面对着讲台下座无虚席、渴盼知识的学子，这位大作家竟然一下子紧张得说不出话来。过了好一会儿，他的心绪才平静下来，开始讲课。但是由于缺乏教学经验，原本准备要讲授一个课时的内容，却被他三下五除二在10分钟内就讲完了。同学们都面面相觑，不清楚这位大作家的葫芦里面到底装了什么药。这剩下的时间该如何打发呢？面对这种状况，沈从文的态度极为诚恳，他并没有天南海北、信口开河地硬撑“场面”，他拿起粉笔在黑板上工工整整地写道：“今天是我第一次上课，人很多，我害怕了。”面对如此诚实的话，同学们即刻报以热烈的掌声。

胡适后来听说了他这次讲课的经过，不仅没有提出批评，反而幽默地说：“沈从文的第一次上课成功了！”

是啊，坦言失败的真诚，当然不是随机应变的智慧，但它具有比智慧更加诱人的魅力。有些凭借随机应变的智慧难以收场的局面，坦言失败的真诚却能轻而易举地为其划上圆满的句号。

一个年轻人，大学毕业后凭着青年人的热情，他决定到一个偏僻的山村去接受锻炼。到了目的地，他才了解到这里条件的艰苦远远超出了他的想象：风不停地吹着，到处飞砂走石，甚至连个和他谈心的人也没有。他难过极了，写了封信向他们的父母求救。一个星期后，他收到了父母的来信，他展开一看只有一句话："两个人从窗户往外看，一个看见的是无尽的黑暗，另一个看见的却是星星。"看了父母的来信，他为之前的举动感到惭愧万分，他决心要做那个看星星的人。后来，他主动和当地人交上了朋友，并对他们提供真诚的帮助，他的生活也渐渐变得充实和快乐起来。

有的人在优越的环境中看到的总是烂泥，而有的人在逆境中看到的总是星星。不管在什么样的环境中，改变一下你自己的心态，你就会更快乐。

"汉堡包王"克罗克出生于西部淘金运动的尾声，这样一个本来可以大发横财的时代与他擦肩而过了。中学毕业之后，他正准备上大学，1931年美国经济的大萧条来临了，困窘的现实情况使他不得不放弃学业转去搞房地产维持生活。可是，当他的房地产生意刚有起色，第二次世界大战又打起来了。克罗克竹篮打水一场空。这以后，他到处求职，曾做过急救车司机、钢琴演奏员和搅拌器推销员。但克罗克似乎命犯"煞星"，他无论从事何种职业，不幸几乎就没有离开过他。

尽管如此，克罗克仍是保持高昂的斗志，仍然执著地追求着。直到1955年，在外闯荡了半生的他依旧两手空空地回到了老家。这时，他发现迪克·麦当劳和迈克·麦当劳开办的汽车餐厅生意十分红火，他确认这种行业很有发展前途。于是他卖掉了家里的一份小产业后，再一次开始了创业的漫漫征途。当时克罗克已经52岁了，对于多数人来说这正是准备退休的年龄，可他却决心从头做起。后来，他甚至借债270万美元买下了麦氏兄弟的餐厅。经过几十年的苦心经营，麦当劳现在已经成为全球最大的以汉堡包为主食的快餐公司，在国内外拥有7

万多家连锁分店，年销售额高达近200亿美元。

在美国的纽约，有一个在零售业响当当的人物，他的名字叫伍尔沃夫。伍尔沃夫在年轻的时候，家里非常的贫困，只能靠在农村工作来维持自己的生活，他经常吃不饱饭，甚至连身上的衣服都没得穿。后来他取得了成功，他成功后曾说道："我成功的秘诀就让自己的心灵充满积极思想，仅此而已。"他的话值得我们去思考。仔细想想，伍尔沃夫说得非常有道理，如果一个人没有一个积极向上的心态去面对生活和工作，那么他是不会取得成功的。

伍尔沃夫在最开始创业的时候身无分文，是靠着向别人借的几百美元开了一家店。最开始他在纽约开了一家所有的商品都是5美分的零售商店。可店里的生意一直都不好，每天的营业额也是少之又少，没过多久，就坚持不下去了，他只好把商店给关了。伍尔沃夫的第一次创业以失败而告终。可他并没有放弃，在此之后，他又先后开了4个店铺，有3个都是和以前一样，没法经营下去，都关掉了。这个时候的伍尔沃夫已经到了崩溃的边缘，他几乎要放弃了。可就在这个时候他的妈妈来到了他的身边，给了他很多的鼓励，一让他对自己恢复了信心。在妈妈的帮助下，他重新把心态调整好，继续为自己的理想努力奋斗。最终他成功了，他成为了非常优秀的资本家，他还以自己的名字在纽约建立了一座当时在世界上第一高的大厦。

一个心理学家说："人生是好是坏，并不由命运来决定，而是由你的信念和处世的态度来决定；生命像一条河流，在岁月的原野上不断地流动着，如果你不主动地、有计划地掌稳自己的航向，它就会随波逐流，消逝在连自己也不可知的远方；如果你不在心理和生理的土壤中，撒下希望的种子，那么荒草便会蔓生；如果你不主动地把自己的态度导向积极的一面，消极灰暗的心境就会像一只不祥之鸟，在我们的岁月里盘旋鸣叫。”

一个人的某种态度，往往在很大程度上决定着某一段人生时期的价值取向。一个人若是被一些不良的心态左右，人生的航船就有可能驶入浅滩，从而失去发展的机会；一个人若是一生都能持有某些良好的心态，那么，他人生的路就会越走越宽，生命的景色就会越来越美，生命的价值就会越来越大。

每个人生而平等，大家都是血肉之躯，有谁生而高贵？生活中我们大家都是凡夫俗子，谁又比谁差多少？可是数年之后，生活仍然可以把我们塑造成为坐车的、赶车的、造车的和修车的。是什么使我们有了如此大的差别？是我们自己的态度。我们对待人生的态度不同，决定我们的生活的前途就不同。

受过良好的职业训练、勤奋敬业的员工会被需要，投机取巧、嘲弄抱怨的平庸劳动力会被社会淘汰。每个人在职业生涯的第一阶段选择好执业态度是至关重要的，想要成为职场中的一棵常青树，就要保持好的工作态度。那些在工作中麻木不仁、投机取巧、马虎轻率、嘲弄抱怨，对领导分派的任务眼高手低、吹毛求疵、推托借口的人，他们在职场中不会有立足之地。个人职业的前途很容易受到消极被动的不良习惯所影响。一个人能否最高水准地发挥出来他的职业水平，与他本人心态有直接的关系。

史泰龙，世界顶尖的电影巨星，他就是一个用积极的人生态度，打开自己成功之门的人。

史泰龙的生长环境并不好，爸爸是赌徒，妈妈是酒鬼。他父亲赌输了，就打他和母亲解气，而母亲喝醉时，也打他出气。他是在拳脚相加的家庭暴力当中长大的，常常是鼻青脸肿，皮开肉绽。由于小的时候总是挨打，致使他的面相并不美，学业也没有长进。自从他高中辍学以后，一个人在街头流浪、当混混。在他20岁时的一天，有件偶然的事情刺激了他，他在心里默默地说："不行，不能再这样做。假如这样下去，和自己的父母有什么区别？"他彻底醒悟了。"不行！我一定要成功！我要带给别人快乐，把痛苦留给自己。"

史泰龙要活出一个人样来，决心要走一条与父母迥然不同的人生道路。然而他并不知道自己应当去做什么。有很长一段时间，他都在一个人静静地思索着。政治之路的可能性为零；去大企业发展，又没有学历，似乎是两座不可以逾越的高山。下海经商，又没有钱做为资本……想来想去，最后他想当一个演员，不要求学历也不需要本钱，而且一旦成功了，就可以名利双收。可又一想，演员的素质与条件他并不具备，很显然，光是长相就很难使人有信心，况且他也没有接受过任何的专业训练。可是，如果不当演员，今生今世他也不会有出头的机会了，他一定要成功，永不放弃。第二天，他就开始行动，去好莱坞，四处找明星、导演、制片……凡是一切可能使他成为演员的人，他都找了，而且还四处哀求："我要当演员，请给我一次机会吧，我一定要成功！"

可想而知，他四处碰壁。一次又一次地被拒绝，但是他并没有气馁，因为他知道，被拒绝一定是有原因的。他每被拒绝一次，都会认真地反省、检讨，不断地寻找失败的原因，并作好总结，同时不断地去应聘。

时光荏苒，一晃两年的时间在不经意间就过去了，他身上的钱都花光了，为了维持生计，他在好莱坞打工，做些粗重的零活。漫漫长夜，他有时会伤心地痛哭。他不断地问自己："难道赌徒、酒鬼的儿子一定就要做赌徒和酒鬼吗？难道就真的没有希望了吗？不行，我一定要成功！"如果不能够直接成功，那就换一个方法。

于是，一个迂回前进的办法在他脑中闪现：我可以先写剧本，然后等剧本被导演看中以后，就要求在其中担任角色。现在的他已经不再是一无所知的年轻人。他从拒绝中得到了历练，每一次拒绝都是一次口传心授，一次学习，一次进步。写电影剧本的基础知识他已经掌握了。经过一年的努力，他终于写出了剧本，于是去遍访各位导演："这个剧本怎么样，让我当男主角吧！"那些导演普遍的反应都是剧本还好，可是一提到让他当男主角，导演们都认为这简直是天大的玩笑。他又一次被拒绝了。

虽然被人否定，但他却越挫越勇，并不断地对自己说："也许下一次就行，再下一次、再下一次……，我一定会成功！"在上千次被拒绝后的一天，有一位曾经拒绝过他几十次的导演对他说："我被你的精神所感动，但是我不知道你是否能够演好。给你一次机会倒是可以，前提条件是你要把剧本改成电视剧，而且只能先拍一集，由你担当男主角，看看观众的反应再说。观众不喜欢的话，你以后就别再想当演员的事情了！"经过了3年多的努力，他终于等到了这一刻，自己可以一试身手了。这是他人生中的一次转机，所以一定要全力以赴。他全身心地投入，不敢有丝毫懈怠。由他主演的电视剧，虽然仅仅只有一集，可是却创下了当时全美最高的收视记录——无疑他成功了！健身教练哥伦布医生曾这样对他评价："史泰龙的意志、恒心与持久力都是令人惊叹的，他每做一件事情，都是投入百分百的精力。行动家的称号非他莫属，从没有看过他呆坐着，总是主动地令事情发生。”

一位成功人士这样教育他的后代：“任何人来到这个世界上，其实生命的潜在价值都是差不多的，关键问题是一个人一生怎样让这价值得以发挥。比如，一块最初只值5元钱的生铁，铸成马蹄铁后就可值10元钱；如果制成磁针之类的东西可值3000多元，如果进一步制成手表的发条，其价值就是25万元之多了。人都应该有一颗进取之心，不断地壮大自己，不要让自己的一生都是那块只值5元钱的生铁，内心深处要自始至终都抱有展现自己最大价值的梦想！”

一个人只要持有积极的心态，通过不断学习，都能提高自己生命的价值，如果浑浑噩噩地过日子，那将是人生最大的悲哀。

积极的、充满阳光的心态，能够不断地改变我们的命运，让我们有一种始终生活在晴朗天空之下的感觉，让我们始终拥有一种向上的不可战胜的力量。在这种态度之中，即使遇上了会严重影响我们一生的不幸或灾难之事，我们也依然能很快地从这不幸的阴影中走出来。

心态的力量

良好的心态是无价的，如果你能拥有一个良好的心态，你就能获得你需要的一切。因为良好的心态能让你充分发挥自身的潜能，而潜能的力量则会使你充满前进的动力，它可以改变险恶的现状，带来令你难以相信的圆满结果。安东尼曾经说过：“是什么原因使我和我的朋友不如他们？原来差别全在于我们的心态及做法，当我们竭尽心力之后依然无法扭转乾坤时，你有怎样的想法？其实，你可别以为成功者的问题就比失败者的少，要想没有问题，那就只有躺在坟墓里。失败与成功不在于先天环境，而在于我们对它所持的态度和做法。”

心态是人生态度的具体化和现实反映。态度是一个人对客观事物的心理反应，积极乐观的人生态度决定了人们良好的心态。在一定的社会环境条件下和一定的个人能力基础上，心态决定命运，个人的综合素质则决定心态。个人的综合素质就是个人的脾气、性格和能力的总和。个人的综合素质对每个人的健康、工作、学习、家庭等各个方面都起着重要的作用。一个人能否成功，关键在于他的心态。成功人士与失败人士的差别就在于成功人士有积极的心态，即PMA(Positive Mental Attitude)，而失败人士则习惯于用消极的心态，即NMA(Negative Mental Attitude)来面对人生。这就是拿破仑·希尔所提出的PMA黄金定律。

一天晚上，有一个年轻人开车行驶在一条偏僻的公路上，突然轮胎爆了。这个年轻人一边嘟囔着真倒霉，一边下车取出备用轮胎准备换上。可这时又发生了让他没有预料到的事情。车上竟没有千斤顶！这条公路偏僻，半天也不会过一辆车，这真是糟糕透了，年轻人心情沮丧到极点。于是他四处张望，发现远处有间房子亮着灯，于是走过去借千斤顶。在这段路上年轻人不停地想：要是没有人来开门怎么办？要是没有千斤顶怎么办？要是那家人有千斤顶，却不借给我，又该怎么办？沿着这个思路想下去，他越想越沮丧，越想越生气。于是当他走到那户人家房子前敲门，主人刚出来，他便怒气冲冲地向人家劈头盖脸来一句："他妈的，你那破千斤顶有什么了不起！"此言一出，令主人丈二和尚摸不着头脑，以为来了个神经病，很不满意地"砰"的一声就把门关上了。

在生活中，存在年轻人这种心态的，不乏其人。一个人总把事情往消极的方面想，消极的事情就会越想越多，最终满脑子都是。如果总是这样，就会成为一种坏习惯，会大大降低做事成功的几率。有什么样的心态就会有什么样的人生，无论在生活中遇到怎样的不如意，都要以积极的心态去面对。消极只会给你泼冷水，只会使你的天空阴云密布。不要让沮丧占据你的心灵，只要你换个角度，生命就会不同凡响，生活也会展示给你鲜活的另一面。有些人能够始终保持积极的心态，他们会用："我会！我能""一定有办法"等意念来不断地鼓舞自己，于是便能想尽办法，不断进步。

有这样一个故事：

古代有个秀才进京赶考，前两次都名落孙山，但他没有灰心，于是第三次来到京城参加考试。他住到了前两次住过的店里。考试的前几天，他做了两个怪梦。第一个梦，梦见自己在墙上种白菜；第二个梦，天下雨，他戴了斗笠还打伞。这两个梦好像有什么预示，秀才赶紧去找算命的解梦。算命先生听秀才说完，连拍大腿劝秀才："你赶快回家吧。你想想，高墙上种菜不是白费劲吗？戴斗笠还打伞不是多此一举吗？这不是肯定中不了吗？"

听了算命先生的话，秀才心灰意冷，回店收拾包袱准备回家。

店老板看见了，感到很奇怪，于是问："不是明天才考试吗，怎么今天你就要走了？"

秀才把梦和算命先生的话说了出来，店老板明白了是怎么回事。他是个不相信梦的人，为了劝住秀才，他说："我也会解梦的。我倒觉得，你这次一定要留下来。你想想，墙上种菜不是高中吗？戴斗笠打伞不是说明你这次有备无患吗？"

秀才一听，觉得很有道理，于是振作精神参加考试，居然中了个探花。

这个故事虽然只是一个笑话，但却告诉我们一个道理：消极的人以消极的眼光看问题，只能带来失败；积极的人以积极的眼光看问题，最终会走向成功。

纵观古今中外，成功人士都是用积极的心态来支配自己的人生的。他们乐观向上，积极进取，坦然面对生活中遇到的各种困难和问题。而失败的人受过去种种失败经历的影响与支配，往往悲观失望，消极颓废，最终走向了失败。这正应了那句话：成功吸引更多的成功，而失败带来更多的失败。

所以说，坚信自己能成功并且为成功而不懈地努力，你就有更大的可能迈向成功；如果你认定失败，毫无斗志，混沌度日，那么最后也只能是失败。

一种人说："我有一个问题，那是很可怕的。"

另一种人说："我有一个问题，那是很好的!"这就是两种不同的心态，同时也造就了两种不同的人生。

在推销员中广泛流传着这样一个故事：两个欧洲人到非洲去推销皮鞋。由于非洲天气炎热，非洲人从来都不穿鞋。第一个推销员看到非洲人都不穿鞋，便立刻失望起来："这些人都赤脚，怎么会买我的鞋呢？"于是放弃努力，失败而归。另一个推销员看到非洲人都不穿鞋，惊喜万分："这些人都没有皮鞋穿，这皮鞋的市场大着呢。"于是想方设法，向非洲人推销自己的皮鞋，最后成功而回。

这就是一念之差导致的天壤之别，这就是心态所导致的不同结局。一个失望而归，毫无收获；一个信心百倍，满载而归。

当你面对一个人，是看他的优点还是缺点？当你看一件事情，是看它的阴暗面还是光明面？当你面对失败，看得更多的是失去还是获得？选择什么样的角度看问题，这是每个人的自由选择，也是每个人的智慧。但我们必须记住：看法决定想法，想法决定做法，做法决定最终的结局。

弗雷德认为，如果你以积极的心态发挥你的思想，并且相信成功是你的权利的话，这一信念就会促使你完成你所确定的目标。如果你以消极的心态来面对生活，头脑里充满了挫折与恐惧，那你得到的也只能是挫折与失败。这就是心态的力量。所以我们要建立积极的心态。

下面是关于一只狗的故事。

这是一只非常优秀的猎狗，远近闻名。出去逮兔子，一逮一个准。有一天，主人家来了一些尊贵的客人，主人就向客人炫耀说："我家这条猎狗出去逮兔子，那叫一逮一个准，百逮百中。"客人不相信，于是主人就将猎犬带到了野外。一看到前面有个兔子，就把猎狗放了出去。

一会儿工夫，猎狗回来了，却没有逮到兔子。主人生气地说："贵客临门，正是你露脸的时候，你却给我掉链子，让我丢脸！"没想到狗却对主人说："您今天错怪我了，平时我都是饿着肚子去追兔子的，为了填饱肚子，我拼命地跑。可今天却不一样了，我吃饱了，肚子不饿，所以今天是表演赛。"

不同的心态，导致不同的结果。我们平时做事情的时候，总是喜欢讲"我尽量"，"我试试看"，这种心态也许和追兔子的猎狗是一样的，所以很难成功。马克思曾说：心若改变，你的态度跟着改变；态度改变，你的习惯跟着改变；习惯改变，你的性格跟着改变；性格改变，你的人生跟着改变。

我们现在来看看下面两位老太太的故事，也许会从中受到启发。

有两位老太太，都70岁高龄了。

其中一位老太太认为，到了这个年纪，已经是人生尽头了，还有什么希望呢？于是便开始料理后事，没过几年，就告别了人世。

另一位老太太却做出了截然不同的选择。她觉得，一个人能够做什么事不在于年龄的大小，而在于自己的心态。这位老太太在70岁高龄之际，突发奇想，开始学习登山。她就这样不断地攀登，20多年的时间，居然登上了很多高山，其中还有几座世界上著名的山峰。前不久，这位95岁的老太太成功地登上了日本的富士山，打破了攀登此山年龄最高的纪录。

这位老太太就是著名的胡达·克鲁斯老太太。

胡达·克鲁斯老太太的例子说明，如果一个人的心态是积极乐观的，就会感到生活的乐趣，就会积极地向目标努力，最终走向成功。

威廉·丹佛斯是布瑞纳公司的总经理，他小时候长得瘦小羸弱，每当他面对自己瘦弱的身体时，信心全无，所以心中经常感到不安，而且也没什么大的志向。直到有一天，他遇到了一位好老师，他的人生才从此改变。

上课的第一天，老师把威廉找来，对他说："威廉，我从你的自我介绍中发现，你有一个错误的观念：你认为自己很软弱！但老师告诉你，其实你是一个很强壮的孩子。"威廉听到老师这么说，惊讶地问道："是吗？这是真的吗？我怎么可能是个强壮的孩子？"老师笑着说："当然是喽！来，你站到我的面前！"小威廉乖乖地走到老师的面前，听着老师的指示："你看看你的站姿，没有一点儿自信。从中可以看出，你心中只想着自己瘦弱的一面。来，仔细听老师的话，从现在开始，你脑海里要想着'我很强壮'，接着做收腹、挺胸的动作，想象自己很强壮，也相信自己任何事都能做到。只要你鼓起勇气真的去做，去行动，很快你就会像个男子汉一样。"当小威廉按照老师的话做完后，忽然间感到全身充满了力量。

如今，他已经将近90岁了，依然活力十足，因为他一直遵循着老师的教诲，数十年来从未间断。每当人们遇到他时，他总是声音饱满地喊："站直一点，要像个大丈夫一样。"

认为自己瘦弱，自己就瘦弱；相信自己强壮，自己就会变得强壮。同样，如果你坚信自己能够成功，你就会成功，这就是心态的力量。

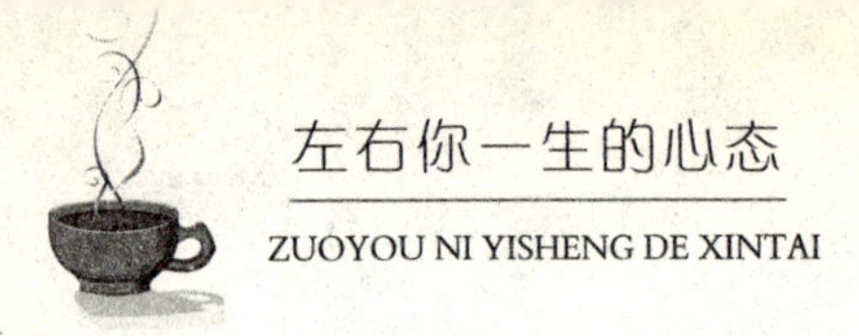

心态决定成败

态度就像一块磁铁，不论我们的思想是正面或负面，都要受它的牵引。全美国最受尊崇的心理学家威廉·詹姆斯曾说过：“我们的时代成就了一个最伟大的发现：人类可以借着改变他们的态度，进而改变自己的人生！”

面对生活，你所采取的态度是什么？有的人自怨自艾，有的人却满怀希望；有的人生在福中不知福，有的人却可以在苦难中寻找自己的乐趣。

哈佛大学做的一项调研发现：人生中85%的成功都归于态度，15%则归于能力。研究人类行为的专家都认为：一切成功的起点，是培养一个好的态度。

有这样一则故事：父亲欲对一对孪生兄弟做“性格改造”，因为其中一个过分乐观，而另一个则过分悲观。一天下午，他把事先准备好的色泽鲜艳的新玩具放在屋子的地板上，给悲观的孩子玩，又把乐观的孩子抱进了一间堆满马粪的柴草房里。过了一会儿，父亲回到屋子里面却看到了悲观的孩子正泣不成声，便问：“你为什么不玩这些漂亮的玩具呢?是不是想你的兄弟了？”“不是的，我担心这些漂亮的玩具玩了就会坏的，那样我就不会再有这么漂亮的玩具玩啦。”孩子继续哭泣。父亲望着哭泣的孩子，轻轻地叹了口气。继而，他又轻轻地走进了那间堆满马粪的柴草房，里面的情景让他感到吃惊，他发现那乐观的孩子正兴高采烈地在马粪里掏着什么。那孩子也发现了他的父亲，他扬了一下肮脏的小手，得意洋洋地向父亲说："爸爸，我想或许马粪堆里还藏着一匹小马驹呢!"

乐观者与悲观者之间，其差别是大相径庭的：乐观者看到的是油炸圈饼，悲观者看到的却是一个窟窿；乐观者在每次危难中都看到了机会，而悲观的人在每个机会中看到的却是危难。一位哲人说："你的心态就是你真正的主人。"

人生成败，在乎一心！失败者的最大败因，就在于他们总是抱着失败的心态去面对一切。冷漠、忧虑、自卑、恐惧、贪婪、嫉妒、猜疑……如同一道道"心墙"，阻隔着他们追逐成功的步伐。

追求人生的成功是生命的天性，每个人都渴望成功。因为，生命只有一次，所以我们都希望它有声有色，希望它轰轰烈烈，希望它是一个辉煌成功的人生，而不是一个碌碌无为、虚度年华的人生。

我们在成长过程中，一定要调动自己的积极性，必须讲究思想上的学习，讲究精神力量。先进的思想是一种巨大的推动力，它能够推动人们去积极努力地工作。在调动自己积极性的过程中，注意提高对一些问题的认识，充分发挥精神力量的推动作用，这是激发自己工作热情和工作积极性的一条重要途径。

在充满竞争的职场里，只有自己才能帮助自己建立信心，激励自己更好地迎接每一次挑战。激励是一种自我心理行为，也是一种理念，让人向上，让人进取，助我们走向成功。

生活中难免有痛苦、折磨、贫困和艰难，但我们不应该被这种表象或暂时的现象所困扰。我们应始终在内心保持一种乐观的精神。只要我们乐观起来，或者换一种思维角度去看待生活，即使是困难也能成为乐观的理由。人生重要的不是处于何种状态，而在于怀抱什么样的境界和依托。这就是人生密码的本质所在!

著名思想家戚杰尔说过：“人们之所以能够完成一些看来似乎不能完成的事业，是因为人们一开始就相信自己能够做到。”由此可见，信念对于追求成功的巨大作用。因此，我们坚定的信念，是一项极为重要的基础性工作。

积极心态是一种对任何人、情况或环境所持的正确、诚恳而且具有建设性的态度。积极心态允许你扩展希望并克服所有消极思想。它给你实现欲望的精神力量、感情和信心，积极心态是迈向成功不可或缺的要素。

如果你认为所有的事情都很糟，就不可能用一颗正常的心情去对待，态度就会消极，而消极的态度也会反映在行动上，让你尝到失败的滋味。如果把思想引导到奋发向上的念头上去，就会打开一条积极的思路，于是行动也就变得积极起来。

美国作家、演说家海利提供的一份资料表明：美国合法移民中成为百万富翁的几率是土生土长美国人的4倍。而且不管黑人白人或其他种族的人，不论男女，全无例外。原因就是他们在面对困难时所采取的态度更积极。

当这些移民初来到美国的时候，眼前的一切着实令他们难以置信，大部分情况下，他们所见到的是无法想象的美丽、豪华与遍地的机会。他们以积极的心态面对一切。他们惊讶地看到报纸上数不清的求才广告，然后马不停蹄地四处应征。移民在美国的最低薪资和其他国家比起来，已是最高薪资，他们在生活上力求简单便宜，若有需要，还会找两份工作，他们做起事来格外勤奋，所有的钱都存下来。几乎每个人都衷心感谢美国及它所提供的机会。正是这种心态让他们在面对困难时更加坚强，让他们在遇到挫折时更加乐观，所以成功的几率也就大大增加了。

消极的心态则恰恰相反，它使人看不到希望，进而激发不出动力，甚至还会摧毁人们的信心，使希望破灭。消极心态如同慢性毒药，吃了这药的人会慢慢地变得消沉，失去动力，而成功就会离消极心态的人越来越远。

1952年，世界著名游泳好手弗洛伦丝·查威克尔从卡德林那岛游向加利福尼亚海滩。两年前，她曾经横渡英吉利海峡，现在她想再创一项纪录。

这天，当她游近加利福尼亚海岸时，嘴唇已经冻得发紫，全身一阵阵地颤抖。她已在海水里泡了好几个小时。远方，雾气茫茫，使她难以辨认伴随着她的小艇。

查威克尔感到难以坚持，便向小艇上的人求救。艇上的人劝她不要向失败低头，再坚持一会儿，她会成功的。但浓雾使她看不清海岸，冰冷的海水也让她难以忍受。她再三请求，于是他们把她拉上了小艇。后来，她才知道，其实当时她离岸边只有一英里远，只要她稍稍坚持就能成功，但她的怀疑和恐惧使她与成功失之交臂。

在生活中，我们必须树立积极的心态，它可以让我们在面对困难时更加从容。有太多的人尝到了失败的滋味，就是因为有太多的人没有调整好自己的心态，让自己生活在怀疑、自卑、犹豫和恐惧的泥沼里。

有一个学生为了赚取生活费，单独照顾一位老妇人。这位老人天天失眠，每晚都要服一粒安眠药才能入睡。有一天晚上，这位老人跑来敲学生的门，问他有没有安眠药，因为自己的吃光了。

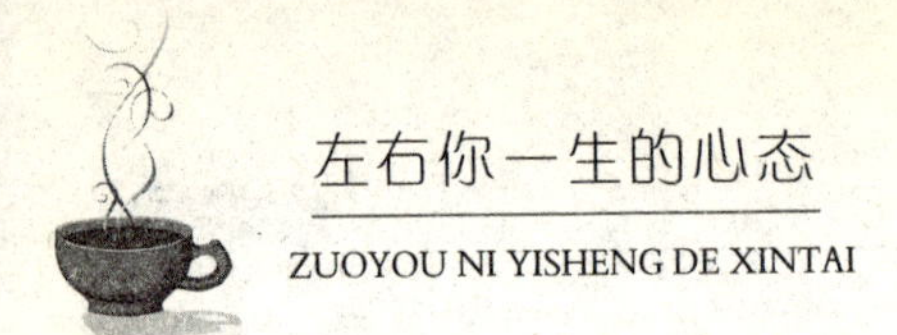

这个学生没有安眠药，但他还是回答道："我有，放在楼下，请您稍等一下，我马上下去取。"然后他飞快地跑到楼下，到厨房里取了一粒大青豆。

他知道老人视力不好，难以辨认，于是回到楼上说："这是一颗大号的药丸，治疗失眠效果很好，你服用一次就知道了。"

老人信以为真，把它吞了下去，结果一晚上都睡得很好。从那以后，这位学生就用这种办法治好了老妇人的失眠症。

一种思想进入一个人的心中，就会盘踞成长。如果那是一粒消极的种子，就会结出消极的果实；如果是一粒积极的种子，就会结出积极的果实。曾经执教中国国家足球队的米卢教练说："态度决定一切。"任何一个想取得成功的人快行动起来吧，改变你们的态度，为自己营造一个辉煌的人生。

成功就在你心里

困境可以是前进的动力，也可以是阻碍；顺境可以帮助我们实现更多的梦想，也可以成为堕落的原因。而这一切都取决于个人对它们的心态。

有一只兔子，天天都在担心，它害怕被猎人抓走，害怕被其他强大动物吃了，恐惧就像石头一样压在它的心里。

一次，许多兔子聚在一起，这些兔子都在谈论为什么它们都这么胆小，都在为自己的胆小而难过，它们悲叹自己的生活充满了危险和恐惧。就这样，一群兔子越谈越伤心，它们对自己未来的生活失去了信心，总觉得在未来的生活中会有许多不幸发生在自己身上。就这样，这群兔子身上所有的悲观和消极情绪无止境地涌了出来。如：它们没有老虎般的勇气、大象般的力气、狼一般的牙齿等等。每天只能生活在恐惧和害怕中，就连想要抛弃一切大睡一觉的权力都没有，害怕在睡着的时候失去它们的生命。

这些兔子都感觉自己的生活已经没有意义了，这种生活也成为它们厌恶做兔子的根源。后来，这些兔子产生了一种想法：与其一生心惊胆战地度过，还不如一死了之来得快活。

就这样，一大群兔子向山崖走去。当它们准备跳崖结束生命时，一群青蛙也从山崖边上的湖岸上跳进了湖里。青蛙跳进湖里的事，兔子常常会看到。但是，有一只兔子特别注意到了这种情况，看到这种情景的兔子突然明白了什么，它想了一会儿，在第一只兔子准备跳下

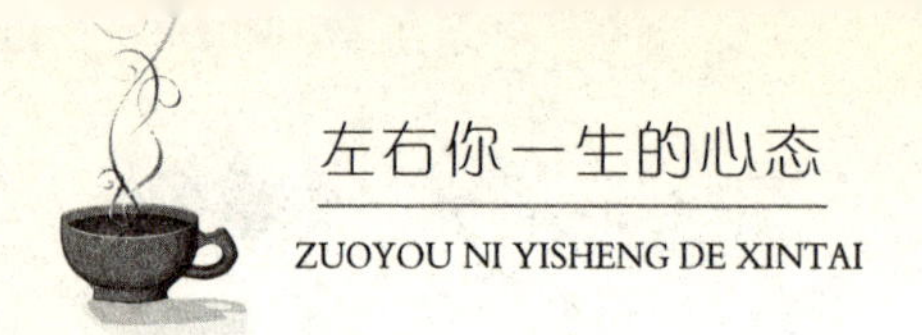

山崖时，它叫了起来："快停下来，我们不用去寻死了，因为还有比我们更加胆小的动物呢！你们快看那些青蛙，当它们看到我们的时候，不也是往湖里跳吗？"

经过这只兔子一说，所有兔子的心情都好了起来，因为它们也看到了那些跳入水中的青蛙。一时之间，它们身上涌出了一种很强大的勇气，把所有的消极心理剔除，于是它们快乐地回去了。

这群兔子也明白了，天下间没有什么比失去积极心态更加重要的事了。

关键时候心态的力量往往决定了生与死，在人的本性中，有一种倾向：当我们相信自己能做成任何一件事时，我们就能完成任何一件事；当我们从心里怀疑自己时，我们将一事无成。

积极的人生态度是成功的催化剂，能使一个懦夫成为英雄。从态度柔和变成意志坚强，它使人格变得热情活泼，富有弹性，使人充满进取冲劲和抱负，使人心中充满力量。

拥有积极态度的人身上永远洋溢着自信，他们会用自己的行动来告诉你，要有信心，信心是你无限魅力的来源，要相信你自己，世界上最重要的人就是你自己，你的成功和财富的获得，依靠了你的积极的态度。

积极的人生态度总是充满自信的，即使在遭遇令人特别沮丧的事时，也会把这些事当作生活当中的一种小插曲，或者是一件无关紧要的小事。

每一个心态积极的人都会存在消极的一面，但是，他们懂得让自己不会被消极情绪影响，当他们遇到消极情绪时，他们会选择让自己不沉于其中。拥有积极心态的人都能快乐地生活，即使在面对困难和挫折时，他们仍然如此。那些拥有积极心态的人，会以快乐和创造性的态度走出困境迎向快乐和幸福。

积极的心态还有一种力量，能使一个胆小怕事的人变成一个英雄，把一个心志柔弱者变为一个意志坚定的强者。

在生活当中，我们看待任何一件事，都应该考虑好的一面和坏的一面，不应该过多地强调坏的一面，只有强调好的一面，才会产生良好的愿望与结果。

有个男孩子总是向父亲抱怨，生活中为何事事都如此艰难，他真不知道该如何应对。他已经疲于抗争和奋斗，生活中有处理不完的问题，一个解决了，另一个更复杂的问题就马上出现了。

孩子的父亲是个普通的厨师，他带着孩子来到他工作的厨房。他先往三个锅里都倒了水，然后把它们放在旺火上烧。不久，锅里的水烧开了。他往一只锅里放了一些胡萝卜，往第二只锅里放入了鸡蛋，往最后一只锅里放入了碾成粉状的咖啡豆。他将它们浸入开水中煮，一句话也没说。孩子不知道父亲什么意图，只是静静地看着父亲奇怪的举动。

大约过了20分钟后，父亲把火闭了，把胡萝卜捞出来放入一个碗内，把鸡蛋捞出来放入另一个碗内，然后又把咖啡倒到一个杯子里。做完这些后，他转过头问儿子：“孩子，你看见了什么？”

“胡萝卜、鸡蛋、咖啡而已。”孩子有些不耐烦地回答。

父亲让他的孩子靠近些，并让他用手摸摸胡萝卜，他摸了摸，注意到它们变软了。父亲又让孩子拿起一只鸡蛋并打破它，孩子发现鸡蛋已经是可以吃的熟鸡蛋了。

最后，孩子品尝了香浓的咖啡，孩子笑了，他不知道父亲想对自

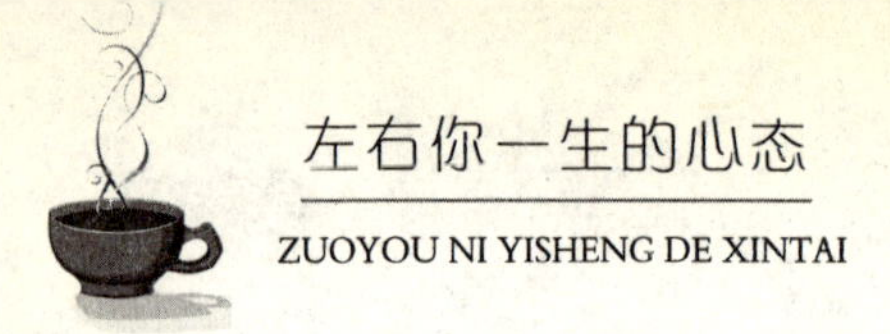

己说什么。

“这又怎么了？意味着什么？”孩子问道。

父亲认真地解释，这三样东西面对的环境是一样的，煮沸的开水，但是其结果却是不一样的。胡萝卜入锅之前是结实强壮，但是进入开水后，它变软了；鸡蛋原来是容易破碎的，它薄薄的外壳保护着它，可是经过开水的洗礼，它的心变得坚强；咖啡经过了开水，散发出更为迷人的气味，口感也变得更为香浓。

“孩子，每个人看上去都是普普通通，但是经历让我们变得与众不同，并不是环境不同，不同的是自己的心。”父亲语重心长地给自己的孩子上了人生的一课。

环境不可以改变，我们却可以保持一个良好的心态。拥有一个良好的心态，不管是逆境，还是顺境，我们一样都能坦然。

心里的一念之差会使一个能够成功的人变得一事无成，遇事不战而败。心态的不同导致了人生的不同，每一个失败者遇到困难和挫折时，往往会选择逃避，结果陷入了失败的陷阱。相反，那些成功者们遇到困难和挫折时，他们会迎难而上，保持积极的心态，用我能够成功、会有办法渡过这些难关等积极的信念来鼓励自己，然后不断前进，不断创造去打败困难和挫折。

有位伟人说了这样一段话：“最常见的，同时也是代价最高昂的一个错误，是认为成功有赖于天生的能力或者是世间所存在的某种魔力，某些我们不具备的东西。”有些人喜欢说，他们所处于的现况是非人为因素造成的，认为自己根本改变不了，是属于天意。就和我们所说的兔子故事一样，兔子认为胆小是天生的，是因为它们身边强大的动物实在太多了，使它们无法去改变。可是，当它们发现有比自己还胆小的动物时，而且那种动物还能安然自在地生活着，它们也就平衡了，也就改变了它们的心态。所以，我们应该知道，如何看待人生，是由我们自己的心态决定的。

世上无难事，只怕有心人。拿破仑·希尔说过，把你的心放在你想要的东西上，使你的心远离你所不想要的东西。对于有积极心态的人来说，每一种逆境都含有等量或更大利益的种子，有时，看来似乎是逆境的东西，其实隐藏着良机。直面失败，用乐观的心态去迎接生活中所遇到的各种困难，这样才能拥有成功、幸福的人生。

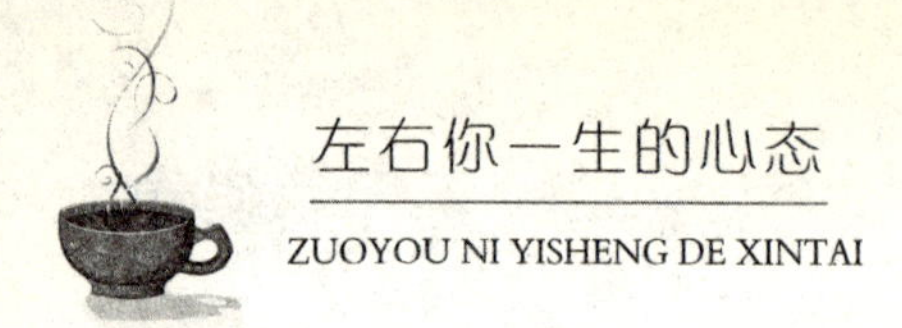

自信是走向成功的第一步

列宁说：“自信是走向成功的第一步。”信心一旦与思考结合，就能激发人体内所蕴藏的无限能量。

在人生的旅途中，态度伴随着你的每时每刻，你是否能成功，你这一辈子是否能拥有幸福，都要看你拥有一个什么样的态度。如果有好的态度，你的事业就会有所成，你的生活就会幸福美满。因此，你必须拥有一个好态度，好态度是你获得成功和幸福的基础。

陈东几年前是一个球队的队员，现在已经是队长了。

几年前，当陈东知道自己入选省足球队时，他竟然紧张得几天睡不着觉。他在床上想：我是一个新手，我进入这个球队会受到那些老队员的嘲笑吗？我与他们的技术相差太远了，教练会不会把我开除，如果真的把我开除了，我应该如何去面对家人、朋友；即使那些老队员愿意与我踢球，他们会不会在心里想，用他们那绝妙的球技来反衬我这种新人的愚笨呢！如果他们在球场上把我当一个笨蛋一样地戏弄，我该怎么做？

这种心理，让陈东几天几夜都不能入睡，这种前所未有的怀疑和恐惧使陈东的心理压力越来越大，他的自信心也越来越差。怀疑和恐惧使陈东这个佼佼者，从忧虑和自卑的思想里，变成了一个落后者，使他情愿沉浸于希望，也不愿真正迈入他所羡慕的球队去实现自己的梦想。

当陈东在家人的陪同下到了球队时，他心里的紧张和恐惧心更加强烈了。当陈东站在训练场时，他已经不能正常行动了，以前的水平一点都发挥不出来，和一个新手差不多。

在对练比赛上，陈东怀着极强的恐惧心理上了赛场，上场后，教练让陈东做主力，然而紧张的陈东半天都没有回过神来，他的双脚已经不听从他的使唤了，当球传到他脚下时，他想到的只是老队员的拳和脚，就这样陈东在场上如临大敌。

教练看到了陈东的表现，也知道每一个新队员都有这样的经历，所以对陈东的表现很谅解，中场的时候，教练找到了陈东，并对陈东说了一些话，当陈东再次上场时，陈东已经不是上半场的陈东了。当他迈开双脚时，他就不顾一切地在场上跑了起来，渐渐地，他忘记了自己跟谁在踢球，忘记了自己所在的地方，融入了这个场景里，把所有的技术都展现了出来。这次训练比赛结束的时候，陈东已经把先前的恐惧心理完全排除了。

陈东也深深地记住了教练对他说的话："其实队里的老队员，根本不可能使你感到恐惧，他们没有一个人会轻视你，而且他们对每一个新队员都很友好。你心里的恐惧和害怕都是你自信心所影响的。你产生紧张和自卑，是因为你把自己看得太重，只顾虑别人会如何看待你，而且还是以极苛刻的标准为衡量的尺度。在这种情况下你怎能不自卑和恐惧呢？如果你的自信心再强一些，就不会受到这种精神挫折了。许多新队员刚来时，都和你差不多，也有一部分队员，他们拥有很好的心态，很强的自信心。我希望你把这儿当作自己的家，也希望你能相信自己，相信你比任何人都强，同时我也相信我的眼光。"

陈东记住了教练的话，也使自己变得自信了。多年后陈东面对那些新队员时，也会把老教练的话，对他们说一次。

拿破仑·希尔说："只要有信心，就能移动一座山。只要坚信自己会成功，你就能成功。"

威尔逊在创业之初，身无分文，全部家当就是一台分期付款赊来的爆米花机。第二次世界大战之后，他做生意赚了点钱，决定做地皮生意。当时在美国从事这一行业的人并不多，因为战后人们都比较穷，买地皮修房子、建商店、盖厂房的人都比较少，所以地皮的价格也就非常的低。当朋友们得知威尔逊这一决定时，都纷纷劝他改变主意。但威尔逊相信自己的眼光。他认为尽管连年的战争使美国经济很不景气，但美国是战胜国，所以很快会从战争的创伤中恢复过来。到时由于修建厂房和房屋，一定会大面积用地，地皮的价格一定会暴涨。于是，他便用手中所有的资金和一部分贷款在市郊买下了很大一块荒地。

后来的事实的确如威尔逊所料。战后不久，经济复苏，城市人口由于增多，不得不向郊区扩展，马路一直修到威尔逊买的土地边上。这时，人们才惊喜地发现，这里的土地风景怡人，是夏日避暑的好地方，于是纷纷出高价购买。但威尔逊却有自己的打算，他在这片土地上盖起了一座汽车旅馆，命名为"假日旅馆"。由于这里风光怡人，交通便利，所以游客很多，生意兴隆，而他的生意也越做越大，他的旅馆也逐步遍布世界各地。

信心，让我们有勇气去面对生活的苦难；信心，让我们有勇气去改变自己的人生。没有信心，就会失去生存的勇气；充满信心，就会开创属于自己的奇迹。

自信是一种乐观地对待生活的态度，它较少受认识的影响。自信方面的障碍并不是认识障碍，而是与以往的经历和体验密切相关的情绪障碍。缺乏自信心的人，有时尽管在意识上充分地认识到自己完全有能力胜任某一件事，但还是没有信心去干。

从古至今，人们出于创造更美好的生活目的，对自信心抱着崇高的期望。自信心的力量是巨大的，是追求成功者的有力武器，是成功的秘诀。

坚定的自信心，不仅会使人在事业上不断进取，达到预期目标，而且能使人重塑自我，增添人格魅力，去争取并获得友谊与爱情的丰收。

如果我们拥有良好的态度，如果我们展示给人的是一种坚毅和无所畏惧的形象，那么，我们的事业必定会获得巨大的成功。如果我们养成了一种时时刻刻都具有必胜信心的态度，那人们就会认为，我们比那些丧失信心或那些给人以软弱无能、自卑胆怯印象的人更具备成功的潜质。

时光荏苒，人生短暂。如果我们要过好生活的每一天，我们就要使自己拥有一份不卑不亢、宠辱不惊的平常心态。无论身在何处，我们都要活得自由自在，即使是在我们遇见大款、高官名人，我们也不会低三下四地对其点头哈腰，我们只要礼貌性地与他们点头微笑，我们就会活得有尊严；即使我们身份卑微时，也不必愁眉苦脸，我们也要快乐地生活，去野外，去海滩尽情地享受阳光；即使没有北大和清华等名校的学历，我们也不要埋怨自己，也要保持积极进取的心态。所以说，我们活着，就要有尊严地活着，用不着羡慕别人的生活状态。我们只要开心快乐，就是愉快的，就会尽自己所能去选择自己的人生目标，就会勇敢地面对人生的各种挑战。只要我们能够做到这点，就无愧于社会，无愧于自己，无愧于他人，我们的生活就会是另外一番景象，我们的心就会像阳光一样灿烂，像鲜花一样骄艳。

所有成功都源于积极的心态

所有成功都源于积极的心态。如果你想获得良好的业绩，那么，你一开始就要认识自己的心态，看看是否是积极的。

任何一个人都可以决定自己的心态。每一个人的心理、思想、感情、精神都是由心态创造出来的。生活中的那些强者，那些成功者和那些优秀的人，他们的成就都是由良好的心态而产生的。

日本著名的营销大师原一平，在总结自己的成功经验时，说得最多的话就是“拥有积极的心态”。他认为，一个人的成功离不开积极的心态，积极的心态是事业成功的催化剂。它常常能够把人们引向成功的道路。

而原一平本人也正是在这种积极心态的支持下走向成功的，原一平坚信越是不可能的事越要努力，越是困难的事，就越要把它当成简单的事来做，这既是他的性格，也是他的一贯做法。

原一平积极和自信的心态也给他带来了一些对他一生都影响至深的事情。其中一件是他与当时声名显赫的三菱银行总裁的一场冲突，但这件事最终使原一平因祸得福。

在原一平进入明治保险公司的第6年，那时原一平已经是32岁的人了，他把生命的光和热全部投入在工作上，此时他的推销业绩已是全国第一。但永不服输的他仍然在狂热地工作着，每时每刻都想着如何继续扩大推销业务。

从许多原一平的书籍当中，我们都会看出原一平是一个爱思考的人，也正是由于他的爱思考，所以他才会与三菱财团的总裁合作成功。

有一天，他突然闪出一个念头：三菱银行的总裁丰田万藏先生是我们明治保险公司的董事长，三菱银行一定融资或投资许多公司，而三菱银行与明治保险公司的关系又是母子公司，那么，通过这层关系，我若能得到丰田万藏董事长的介绍信……这个念头使他心跳加快，兴奋得几乎叫了起来。

原一平主意一定，就立即开始行动起来。原一平在适当的时机首先找到保险公司的最高主席——常务董事阿部章藏，并且向他说明了自己的全盘计划。阿部章藏董事静静地听他把话讲完之后，表示支持，并对原一平说："听了你的计划，我非常地吃惊，这是一个很伟大的计划，如果你的计划能够成功的话，那么对你对公司都有莫大的好处。不过，我们公司虽然属于三菱财团，但当初三菱财团资助明治保险时，他们讲明了绝不介绍保险。所以我不能为你做你想做的事了，如果我代你向丰田万藏董事长请求介绍信的话，可能我明天就不得不辞职了。"

阿部章藏董事的话犹如一瓢冷水泼向原一平，他失望极了，但是，原一平积极的心态，使他不会因为这一小点困难而失望，他绝不愿放弃哪怕是一点点的希望。于是他又说道："那么，你可以给我机会单独去见董事长，直接向他请求吗?"

阿部章藏董事从心里想帮助原一平，而且此时，他也被原一平的决心所打动，他从原一平的表情、眼神中看到了一股非干不可的决心。所以，他决定尽自己的所能去帮助他，并且想尽办法为原一平找机会与董事长见面。

一天，阿部章藏董事告诉原一平，说董事长什么时候会在什么地点出现，原一平觉得机会来了，于是，按照阿部章藏董事的安排，在一个星期天的早晨，他满怀希望和信心，准时在8点整到公司拜访丰田万藏董事长。可是，原一平从8点一直等到10点，依然不见董事长，于是他又继续等了下去，这一等又是足足两个钟头，可还是不见董事长的影子。疲乏的他坐在沙发里，竟不知不觉地睡着了。

当他醒来时，他不知道睡了多长时间，但他清楚地知道他是被在照片上早已面熟的丰田万藏董事长从梦境中突然推醒的。看到原一平醒来，丰田万藏董事长劈头就问："我们认识吗？你来这儿找我到底有什么事?"未等惊慌的原一平解释，董事长又来了一句："对不起，你能快点吗？我的时间有限，如果没有事，你可以走了。"

平静了心情，原一平把他的目的说了出来，"我要去访问日清纺织公司的总经理，想请董事长帮助我，给我写一张介绍信。"同时，他又给董事长说了他要介绍信的原因，可让原一平想不到的事，董事长给他的回答让他非常脑火。

"什么?保险那玩意儿也是可以介绍的吗?"董事长大声地说道。

如果按一般的人来做，这件事，可能到此就结束了。但让人想不到的是，本来就因为等待董事长而有一些难受的原一平，在听了董事长最后的这句话，再也按捺不住了，彻底地爆发了他那暴烈的脾气。

气愤的原一平上前跨了一大步，指着董事长大骂道："你这个混账东西!你刚刚说'保险那玩意儿'了。公司不是一再告诉我们，推销人寿保险是神圣的工作吗?你这个老家伙还是我们公司的董事长吗？我要立刻回去向所有员工宣布，宣布他们的董事长是如何对待他们所做的事业的。"

在董事长一脸惊讶的表情下，原一平怒气冲冲地夺门而去。一冲出大门，他立刻为自己粗野的行为懊悔不已，他六神无主地在街上徘徊，心想自己这次是怎么了?必须要为这次行为付出代价。

经过原一平的左思右想，他觉得这样做对不起他的上司阿部章藏董事，他想应该去跟阿部章藏董事道歉，然后向公司提出辞呈。可是让原一平想不到的事发生了，本来了无希望的事，却来了一个180度的大转弯，上司通知他再一次跟丰田万藏董事长见面，这完全出乎他的预料。

原来，在他走后，丰田万藏董事长也意识到了自己的失态。这样对待一个公司的员工，似乎有些不近情理。此时的丰田万藏董事长陷入了深深的自责，他从心里对自己做出了检讨，自认以前对保险有偏见。作为明治保险公司的高级主管，他不仅应该对保险有正确的看法，而且应当积极地去推进保险业务的扩展才对。经过一番考虑后，有些后悔的丰田万藏董事长马上给阿部章藏董事打来电话，他说公司刚刚来了一个很厉害的年轻人，很有冲劲儿，几乎吓了他一大跳。当时，他确实不理解，有些生气。但经过仔细思考后，他发现这个年轻人的话其实很有道理。他还请阿部章藏董事代替他向原一平道歉。

阿部章藏董事接到指示后很吃惊，他想不到原一平能这样对董事长说话，但他立即找到了原一平，对原一平说："董事长让我向你转达，今天虽然是星期天，但他还是立即召开高级主管紧急会议，决定支持你的计划，把三菱企业的退休金全部转投到明治的保险。他还夸奖你是一个优秀职员。"听到这话，原一平几乎不敢相信自己的耳朵。他甚至自己打自己来证明所听的并不是梦，事实证明，他听到的确实如此。

后来每当原一平想起这件事的时候总是怀着激动的心情，而且他还把这件事记录了下来，他说："对于我来说，那一天发生的一切仿佛就是一场梦。那一天发生的事情太富戏剧性了，但事情还远远没有结束。当天，我怀着激动的心情回到了家里，那时已经是深夜了。可是另一件事情更让人感觉意外，我家的信箱里躺着一封发自丰田万藏董事长的信。他在信中再一次向我表达了诚挚的歉意，并邀请我在空闲的时候去他家里。

“那一夜，我几乎没有睡觉，我一直拿着信反复读了十几遍，我在自己的心里老是问自己，这是真的吗？因为我几乎不敢相信，大名鼎鼎的董事长竟会邀请一个小小职员去家里。

“第二天，我按照事先约定的时间，走进了丰田万藏董事长那宽大的府邸。董事长对我的到来表示热情的欢迎，从谈话中我学到了许多知识，也正是因为这次的谈话，让我认识了董事长，并且对董事长更加佩服。

“在谈了一个多小时后，丰田万藏董事长对我说：‘一名优秀的推销员，要想吸引顾客去买你的东西，就要注意自己的仪表，对一名优秀的推销员来说，仪表是很重要的，我已经让人给你准备了一套西装，是我送你的，也表达我对你的歉意。另外，在星期一上午10点半，到三菱银行的办公室来找我。’此后的一天，我到了董事长的办公室，这次见面对于我的计划给予了很大的支持。”

原一平的计划得到了成功，他的名字也迅速在三菱银行传开了，凡是他需要的客户，三菱银行各分行都帮助介绍给他。从此，原一平开始踏上了成功之路。

我们想像一下，如果当时原一平没有积极的心态，而是听到阿部章藏董事所说的“三菱资助明治保险时，他们讲明了绝不介绍保险”时，他还会再继续下去吗？所以，积极的心态将使你成为强者、勇敢者、胜利者、成功者、英雄，它能够使你出类拔萃。

心态是决定人生命运的舵手

人的心理态度是决定人生命运的舵手。物随心转，境由心造，烦恼皆由心生。这句话说的是一个人有什么样的精神状态，就会产生什么样的生活现实。歌德说："人之幸福全在于心之幸福。"

人的生活并非是一种无奈，而是可由自身主观努力去把握和调控的，人生的方向是由"态度"来决定的，起点好坏足以明确构筑人生的优劣，态度不同必然导致人格和行为的不同，而且会有天壤之别。不良心态是形成不良性格与不良人生的主要根源，态度是我们命运的控制器，而且是惟一能够完全掌握的东西。

皮鲁克斯是宏伟的"金门悬桥"的建造者，他说他成功的奥秘是一种叫作"积极心态"的东西。正是这种积极的心态，使他敢于抛却旧有的思维习惯，最终建成了世界上最长的单跨度桥。

积极的心态就是一种必胜的信念，它超越一切经验和胆识，成为最不可战胜的取胜法宝。要想取得成功，就看你如何运用自己这件看不见的法宝。积极的心态就是你重要的法宝。有人说性格决定命运，而事实上却是心态决定命运——有什么样的心态就有什么样的人生。

每年中国社会学家都会做一项深入的研究，研究那些成功者的心态和特性，让他们分别举出影响他们成功的因素都有哪些。结果显示，他们都有很多相同的特性，其中积极的心态被绝大多数人列为重要的因素，这些成功人就是靠他们的智慧、勇敢和心态获得成功的。可见心态对他们的影响力有多大。只有良好的心态才能塑造那些谋求实现不平凡愿望的成功者，让他们向自己想要的东西一步一步地迈进，让他们变得不同凡响。

曾经有一名推销员来面见一家公司的销售经理，推销他们公司的产品。秘书把一份产品简介交给了总经理，正如推销员所想，那经理很不耐烦地把名片丢了回来。

秘书把名片又交到推销员的手中。只见推销员又重新把名片递给秘书："没有关系，我下次再来拜访！所以还是请贵经理留下一份看看。"秘书见推销员这么坚持，只好再次走进办公室，这下经理火了，一下子把名片撕了，秘书惊呆了。只见经理马上从口袋里拿出10块钱："告诉他，10块钱买他这张名片，让他赶紧离开！"

秘书交还撕碎的名片和钱后，推销员不但没有生气反而很开心地说："麻烦跟你们经理说，10块钱可以买我的两张名片，我还欠他一张。"随后又掏出一张名片准备交给秘书。这时，办公室里传来了脚步声，只见那经理走出来，说："这样的业务员不跟他谈生意，我还找谁谈？"

上个星期，邻居家门口的墙角里，住进了一只蜘蛛。蜘蛛进来后便开始搭建它的小屋——织网。工程还挺大的，都已经织了两天了，才织了一半。

没有想到晚上却下起雨来，第二天一早，我见蜘蛛的家变成了破庙。哎，好不容易织了一半，这可怜的蜘蛛！没想到到了晚上的时候，看到蜘蛛又开始织了一个新的网，密密麻麻的，比原来的更大、更结实了。我心想：这蜘蛛真是坚强，竟然不怕失败。终于快织好了，一阵大风袭击了它的家，我对蜘蛛表示悲哀，可是第二天我见它又在织，终于它成功了。

从这件事上我学到很多东西，一是选择的重要性，有时选择远比努力重要。相信如果蜘蛛建造的地点要是选在一个安全的地方，也就不会被风雨袭击了；第二是要有良好的心态，幸运之神不在上帝那里，而在自己的手中。要有乐观的态度，沮丧只能迎接失败。就是蜘蛛这种不怕失败的精神和自信的心态，使得它最后终于成功了。

良好的心态是迈向成功的坚实根基，良好的心态是改变命运的人生利器，良好的心态是收获幸福的心灵法宝，良好的心态是滋润生命的灵丹妙药。有什么样的心态就有什么样的人生。

一个有着积极心态的人，无论面对什么困难，一定会不辞辛苦地向前迈进，在他们眼里，从来没有想过“半途而费”这个概念。因为，理想是他的路标，积极就是他的力量。

阿军是一个男孩，遗憾的是他被一次大火夺去了双腿。这给他幼小的心灵蒙上了阴影，他变得无比得消极，甚至想过自杀，想过永远活在孤独、痛苦之中。

阿军已经不再是以前的阿军了，他变了。不仅变成了无腿人，还变成了消极、冷僻、极端的人。他无法面对没有双腿的自己。

他的生活无法自理，需要人随时照顾他。当他看着满桌子的饭菜就近在眼前，却又远得永远也吃不到时，他选择绝食来结束自己的生命。因为在他看来，他成了衣来伸手、饭来张口的废人，什么也做不了，只会给家人带来麻烦。他开始恨这个世界对他不公平，对他太残忍了，他选择放弃自己。

在这期间，他不和任何人沟通，就在家里等着死神的到来。你要是把他逼急了，他就变得以咬伤自己来换去他想要的安静。

他常常对自己说：“活着对于我来说太痛苦了，简直就是生不如死。”每次一听到这些话，他的母亲就泪流满面，说：“儿子，你要坚强些，比你不幸的人有很多。没有了双腿不算什么，你还有手，有你的头脑，有你的思想，只要不再消极，你一样可以追逐自己的梦想。好好活着吧，不为别人就为了自己。你会发现这个世界很精彩，一样有你的舞台。”

妈妈的话深深地刻在了阿军的心里。他开始琢磨妈妈的话，又看了看生不如死的自己，他流泪了，不是为妈妈流泪，而是为自己。

他的心动摇了，开始接受了不健全的自己。他想：“即使没有双腿，我还拥有很多的东西，只是少了腿而已。”他开始给自己打气，试着要改变自己。他相信决心想改变就一定能改变。他变得刚强起来，是积极的心态打败了他从前的自暴自弃。积极的心态要带他走出心中的阴影，带他向太阳招手。

现在的他不仅和家人相处得很融洽，还主动拾起了课本。他知道自己不能干的工作有很多，但他也知道天无绝人之路，一定可以找到能做的工作的。因为他不想靠家人来养活他一辈子。要想站起来还要靠自己。

找工作还是给了阿军不少打击，好像到处都写着“拒绝“二字。这并没有使他灰心、放弃，也正是别人的歧视，让他更有决心一定要找到工作，因为他要证明给别人看，重要的是他渴望过正常人的生活。

在他的努力和坚持下，他终于找到一份自己喜欢的工作。老板被他的精神所打动了，就破例录用了他。他很珍惜这个机会，工作尽职尽责。热心的老板还给他介绍了一个对象。每天，阿军过得很充实，也很开心，他对现在的生活很满足，相信他以后也会过得很幸福。

是什么给了他勇敢站起来的勇气？是什么给了他重新认识生命的力量？是什么给了他工作的勇气？是他自己的积极心态。

当一个人陷入困境的时候，自然希望能有一个救世主来解救自己，使自己从困境中摆脱出来。其实世上根本就没有什么救世主，没有人可以充当救世主，能解救你的人只有你自己，就看你怎么看待自己了。积极的心态将是你的救命稻草。否则，即使真的有救世主，但面对一个已经彻底放弃自己，对生活消极的人，也只能徒呼奈何。

遇到事情，即便是很糟糕的事情，你如果用积极心态看待它们时，你会发现许多事情也有好的一面。

有位哲人讲："你改变不了环境，但你可以改变自己。你不能改变风向，但你可以调整风帆；你改变不了温度，但你可以增减衣服；你没有漂亮的容貌，但你可以绽放微笑；你不能样样顺利，但你可以事事尽力。"态度决定命运的人生历程，它是人一生中的那段由态度左右的最关键的、最风光的部分，通过这些或成功或挫折或无畏的人生历程，你可以发现态度怎样左右我们的人生的。那就是：我们都要保持一种好的态度，让它带领我们走向人生的辉煌。

拥有一颗快乐的心

心态改变命运，客观的心态自然也就会给我们带来快乐的生活。美国著名推销专家克莱门特·斯通这样说道："你对自己的态度，可以决定你的快乐与悲哀。如果你把自己看成弱者、失败者，你将郁郁寡欢，你的人生也不会又多大的作为；如果你把自己看成是强者、成功者，你将快乐无比。"为了使大家更加明白其中的道理，克莱门特还讲了这样一个故事：

有一次，听说来了一个乐观者，于是，我就去拜访他。当我见到他后，他乐呵呵地请我坐下，非常高兴地听着我提出的每一个问题。"假如你一个朋友也没有你还会高兴吗？"我问这个乐观者。"当然，我会高兴地想，幸亏我没有的是朋友，而不是我自己。"他回答说。"假如你正在行走间，突然掉进了一个泥坑，出来后你成了一个满身都是泥巴的'泥人'，这样你还会高兴吗？"我接着问。"当然，我会高兴的想，幸亏我掉进的只是一个泥坑，而不是一个无底洞。""假如你被别人莫名其妙地打了一顿，你还会高兴吗？""当然，我会很高兴地想，幸好我只是被打了一顿，而没有被他们杀掉。"他继续回答我。"那么，假如你去拔牙时，医生拔错了你的好牙却留下了患牙，你还高兴吗？""当然，我会很高兴的想，幸亏他医生只拔错了我一颗牙，而不是我的内脏。""假如你正在睡觉，忽然来了一个人，在你面前用难听的嗓门唱歌你还会高兴吗？""当然，我会高兴地想，幸亏在这里嚎叫的是一个人，而不是一匹狼。”“假如你的妻子背叛了你，你还会高兴吗？”“当然，我会很高兴的想，幸亏他背叛的只是我，而不是我们的国家。”“假如你马上就要丧命了，你还会高兴吗？”“当然，我会很高兴地想，我终于高高兴兴的走完了人生之路，让我随着死神高高兴兴地去赴另一个宴会吧。”

任何不快的事情都不会影响一个乐观者快乐，也可以说，他们的生活中就没有所谓的不快乐的事。正如先知纪伯伦所说：“你欢笑所升起的井里，往往充满了你的泪水。悲伤在你心里刻划得越深，你就能包容越多的快乐，你快乐的时候，好好洞察你内心吧！你就会发现曾经令你悲伤的，也就是曾经令你快乐的因素，其实令你哭泣的，也就是曾经给你快乐的。”快乐的克星是痛苦，相反，痛苦的克星也是快乐，这就看你用什么样的心态去面对。那些用乐观心态面对痛苦的人，即使再大的痛苦也不会夺走他们的快乐，同一道理，明明是一件快乐的事情，但由于心态问题，它却变成了一件痛苦的事。

米卢在任中国国家足球队教练时曾大力倡导“快乐足球”，他经常说的一句话就是“态度决定一切”。是的，外界环境不会因谁而改变，需要改变的是我们改造环境的“心态”。工作是物质的基础，快乐是精神的享受。工作不仅仅是为了赚取薪水，还是我们每个人生活和价值的体现。如果我们不能做自己喜欢的工作，那我们还可以选择对待工作的态度。

事实上快乐不是我们在工作中取得多大的成就，在生活中享受多少让人羡慕的锦衣玉食，而是我们心里的一种状态，只要你拥有一颗快乐的心，即使你的工作平平淡淡，即使你的生活风平浪静，那你也依然是快乐的、开心的。

这样说并不是让我们无欲无求，而是在我们已经努力把工作做到最好，把生活安排有序的情况下，以开阔的心胸来看待人生，让自己保有一颗常常快乐的心。

好心情是快乐工作的基础，如果你不能及时地调整自己的情绪，让情绪在自己可以控制的范围之内，那么快乐工作只会是你的愿望。如果情绪不好，可以找朋友等其他渠道，把情绪抒发出来，情绪管理就像大禹治水一样，最好能够疏导。如果生活上有一些兴趣、嗜好，能够让你暂时转移注意力，这是避开压力很好的辅助策略。

让自己工作开心的办法只有一种，就是你自己选择快乐地工作。这种选择来自你内心深处对工作的看法和观念，即你对待工作的态度。一个清楚自己想要什么的人，比什么都想要的人更容易快乐。

追求成功是我们每个人的人生目标，在追求的过程中，虽然有挫折，有困难，但是只要我们的心态好，心里面装着快乐，就会用积极的态度看待挫折，并会尽力想办法战胜挫折。

芊芊的单位精简人员，芊芊因为当初是托关系进去的，没有过硬的文凭，因此成了被精简的对象。家人又托人帮她找了一份在会展中心打扫卫生的工作，可她只去了一次，就再也不肯去了，无法适应从政府部门到清洁工的转变。自此，芊芊脸上整天看不到笑容，心情郁闷得很。一天中午，母亲领一个送煤的男孩走进厨房，芊芊诧异地看着他，觉得这样的长相和衣着怎么可能是送煤工？但是在那男孩要搬煤的时候，见他很快地套上了一件搬煤专用的衣服，然后动作干净利落把煤搬进来，嘴里哼着歌。母亲和男孩讨价还价的时候，他做出为难的样子说：“要是送您这几块，我中午就没钱吃饭了！要不，您管我饭好了！”母亲爽朗地笑着说：“没问题，你只管吃就是。”他也笑了，又在摞好的煤上加了几块。目送他走出好远，母亲回过头，意味深长地对芊芊说：“只要有一颗积极快乐的心，多普通的工作，也可以将它做得有声有色。”第二天，芊芊快快乐乐地上班去了。

芊芊最初的苦闷和对清洁工作的拒绝，主要是因为她对工作的认识上有高低贵贱的心理落差，改变了这种心态，像那个男孩一样看待工作，无论做什么工作，我们都可以是快乐的。

有的人，因为工作的不顺利，很容易变成刺猬，每天张牙舞爪的，一点小事也会大发脾气，不仅搞得自己心情超级低落，而且也不断地影响着身边的人，特别是家人，如果生活或者工作不顺利，就钻到牛角尖里去，怎么也想不通，好像全世界的人都对不起自己似的，心情自然就会非常低落，看任何东西都不顺眼。

其实，一个人最重要的是要有一颗豁达的心，乐观地去看待和包容身边的事情。快乐是每个人心里的一种感觉，只要能保持住这样的一种感觉，努力不让它干涸和枯萎，那么每个人都将是一个开心快乐的人。

美国一所大学的图书馆，经常雇用一些大学生做临时工。有一项工作被同学们认为是最枯燥乏味的：协助图书管理员查找那些被读者放错的书籍，并将它们放回原位。

有一天，图书馆来了一位瘦弱单薄的男生，当分配完任务，那个男生想了想说：干这个工作是不是有点像侦探，寻找破案线索？管理员为这样的奇思妙想大吃一惊，因为从来没人因为这项枯燥的工作设想如此生动的情境。接下来的事情更是让人感动，那男生两眼放光、精神抖擞地投入到工作中去。因为生疏，第一天他只查到几本书。

但由于他对工作的积极态度，很快便掌握了技巧和经验，由此查

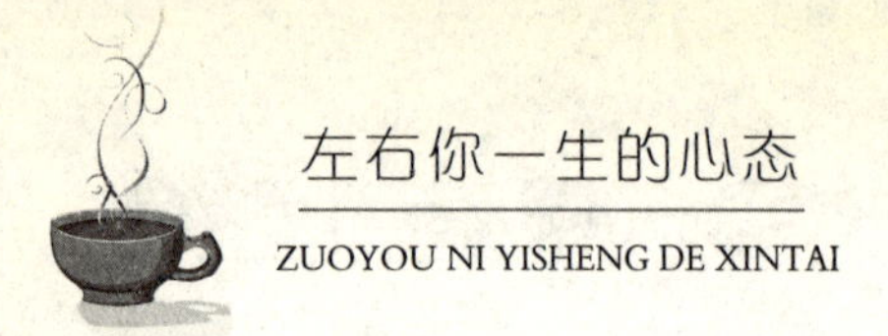

到的数量与日俱增。十几天后，当这个男生离开这里时，图书管理员依依不舍。同时心里暗想：这小伙子日后一定能成大事。果然，多年后，他成了一家著名大公司的董事长。

其实工作是乏味还是快乐，主要是看我们的心态，即使是在查找错书这样的工作中，别人都能找到乐趣，更何况我们现在做的工作比查找错书要有趣得多。

工作中不是没有乐趣，而是缺少发现乐趣、感受快乐的心！工作中有很多不如意吗？那么在抱怨之外，为什么不试着让自己用一颗快乐的心来工作呢？

一位著名的心理学家说：心若改变，你的态度跟着改变；态度改变，你的习惯跟着改变；习惯改变，你的性格跟着改变；性格改变，你的人生跟着改变。从工作中找到乐趣，热爱你的工作就会变成一件容易的事。

拥有一颗快乐的心关键是要有一个豁达、乐观、健康、积极向上的心态。把逆境看作是自己人生中不可缺少的磨砺，用来磨练自己意志，坚信逆境是暂时的，并快乐地去应对一切。面对失败，不心灰意冷，把失败看作是还没有成功，把失败作为自己人生的考验，坚信失败是暂时的，并快乐地去奋力拼搏。

保持一颗平常心

生活如水，平淡永远都是主色彩。生命的奥秘，是从安于静默开始的。古人云："缓字可以免悔，退字可以远祸，苟字可以养福，静字可以益寿。"所以，安静也是人生的一种美。

现代生活中，处处都是诱惑，处处都是浮华。一个人，只有学会让自己在喧嚣中保持一颗平静的心，才不会让自己太劳累。

人生，就是一场跋涉，从一个地点再到一个地点。累了，就坐下来歇一歇。而心灵累了，我们却忘了让它休息。我们一生中，有太多的背负，家庭、事业、荣誉……所有的这一切，既让我们感到欣慰，同时又让我们感到劳累。所以不妨让自己卸下这些负担，给心灵放个长假。名和利，只不过是过眼烟云，生不带来，死不带去，对它又何必那么执著？只要抓住生命中最宝贵的东西就足够了。因为一个人的精力毕竟有限，不可能任何事情都尽在掌握之中，所以应该学会用一颗平常心来对待。

常有人怀念少年时代，总感到那是我们人生中最美的时光。的确，少年时代是最美的，那是我们每个人心中的一笔财富。那时我们那么单纯、无知，没有城府，所以我们快乐。因为我们没有背负什么，所以活得轻松、洒脱。当然，时光不会倒流，过去的就过去了，永远都不会再回来。但是，我们还有智慧。我们可以用智慧让自己活得同样潇洒，让自己在任何一个阶段都会快乐地生活。这个快乐的秘诀就是：学会天真。天真可以学会吗？当然可以。天真，是一张白

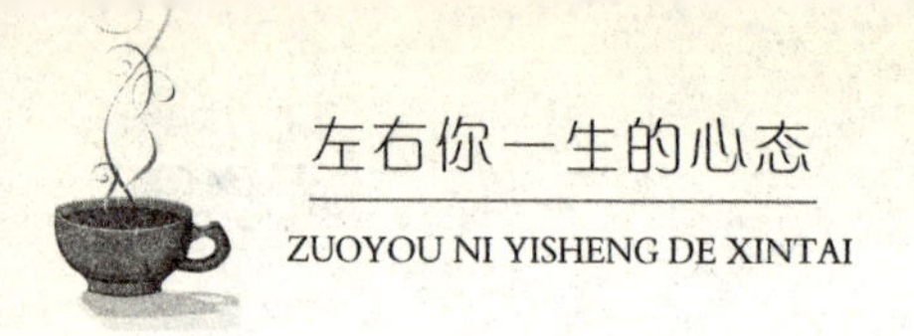

纸，那么简单，那么纯粹，它让我们只活给自己。

一个人只有活给自己，才会活得潇洒。一个人只有做自己想做的人，才不会让自己的心灵受委屈。我们的心灵，是需要经常打扫的，只有这样，才不至于让它蒙上尘埃。

太多的喧嚣，会让我们搞不清方向；太多的诱惑，会让我们的贪欲蠢蠢欲动；太多的拥有，会妨碍我们的感知。因此，让一切回归平静。

平静可以给我们一个宁静的空间让我们静思，平静可以让我们唤醒内心真实的自己。所以不必再埋怨生活的波澜不惊，让我们在那一湾碧水中静静地涤荡自己的心灵。

保持一颗平常心，是一门生活艺术，更是一种处世智慧。人生在世，生活中有褒有贬，有光有暗，有荣有辱，这是人生的寻常际遇，不足为奇。古往今来万千事实证明，那些事业有所成就的人无不具有"荣辱不惊"这种极宝贵的品格。荣也自然，辱也自在，一往直前，否极泰来。

我们生活在天地间，总会有这样或那样的事情发生，当然，面对各种事情的发生，有些人能泰然处之，保持开朗和热情，愉快地生活。有些人则会对突然而来的事不知所措，甚至一蹶不振，从此浑浑噩噩。为什么我们的生活环境相同，会发生两种不同的景象呢？主要原因在于我们能否保持一颗平常心，能否冷静地面对所发生的一切。

一些古今中外的伟人，他们遇事不慌，沉着冷静，正确判断所处局势，及时应变，取得了令人瞩目的成就。一般来说，人们只要不处在激怒或疯狂的状态下，都能够保持自制并做出正确的决定。健康正常的情绪，不仅可以给生活带来幸福稳定和畅快，还能在大难临头的时候，帮助你逢凶化吉，转危为安。

保持平常心绝不是安于现状。人类的伟大在于永不休止地渴望和追求，历史的嬗变在于千百万创造历史的人们永无休止地劳作。生命是一个过程，而生活是一叶小舟。当我们驾着生活的小舟在生命这条河中缓缓漂流时，我们的生命乐趣，既来自于与惊涛骇浪的奋勇搏击，也来自于对细波微澜的默默深思；既来自于对伟岸高山的深深敬仰，也来自于对草地低谷的切切爱怜。所以平常的生命、平常的生活一经升华，就会变得不那么平常起来。因为，生命和生活是美丽的，这种美丽，恰恰蛰伏于最容易被我们忽略的平常之中。没有把平常日子过好的人，体味不到人生的幸福；没有珍惜平常的人，不会创造出惊天动地的伟业，因为平常包容着一切，孕育着一切，一切都蕴含在平常之中。

保持平常心是人生的一种境界，平常心不是平庸，它是源于对现实清醒的认识，是来自灵魂深处的表白。人生在世，不一定要权倾四方和威风八面，最舒心的享受不一定是物欲的满足，而是性情的恬淡和安然。

在生活中我们要明白，只要有人的地方就会有烦恼，所以我们不能为一些小事而烦恼。即使我们身处逆境，也要从容面对，不要自暴自弃，要学会从哪儿跌倒就从哪爬起。只要做到了这一点，我们也就拥有了一颗平常心，毕竟这种心态是人生的美丽，能使我们学会许多为人处事之道，而这种处事方法就是人们常说的“非淡泊无以明志，非宁静无以致远”。故此，我们在生活中要学会不做作、不虚假、洒脱适意、襟怀豁然，这样做的话，平常心不仅给了我们一双潇洒和洞穿世事的眼睛，还使我们拥有一个充实的人生。

第二章 放飞心灵的自由

你若改变不了环境，那你就试着去改变自己；你若不能改变风向，那就调整风帆；你若改变不了温度，那就增减衣服；你若没有漂亮的容貌，那就绽放出自己的微笑；你若不能事事顺利，那就让自己学着乐观起来。

乐观是一种态度

乐观，作为人诸多性格中一种最积极的因素，就是无论在多么艰难的环境下，也要保持一种良好的心态，相信一切都将过去，困难和挫折只是暂时的。在我们的生命中，乐观就犹如一泓不会枯竭的清泉，总能带给我们清冽的味道和鲜活的活力。

有这样一则小故事：傍晚时刻，两个盗贼从一个绞刑架下经过，其中一个忿忿地说："该死的东西，如果没有它，我们的日子将会好过很多。"另一个却骂道："白痴！如果没有它，哪轮到我们吃这碗饭啊！"同样身为盗贼的两个人，面对同一个绞刑架，却有截然相反的看法和感受。一个盗贼认为就是因为绞刑架的存在，才让他们整天过着提心吊胆的日子——这确实是事实；另一个盗贼却认为，就是因为绞刑架的存在，才让更多的人不敢去偷盗，他们也才能以此为生——也确实是这样的道理，如果盗贼太多了，他们的饭碗不就砸了吗，日子怎么可能会好过的？

人生中的许多道理就是这么简单。对于一件小事，如果以一种乐观的态度去看待和面对，总能从中找出积极的因素来；而如果以一悲观的眼光去看待，就只能看到消极、阴暗的一面。古人说，人生不如意十有八九，这就是一种客观存在，对每个人都一样，不会以某个人的意志为转移，但我们完全可以通过转变自己的态度来改变自己的态度来改变它，用一种乐观的态度来看待它。其实，一味沉浸在悲观之中，也并不能使事情有任何改变，只会使不如意的事情变得更不如

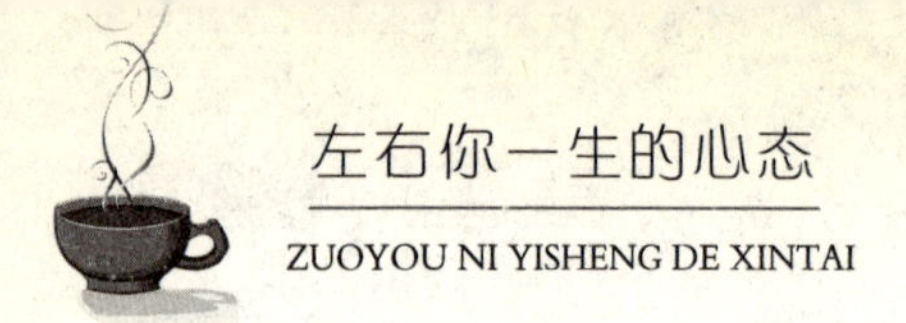

意，就像你讨厌一个人，会越看越讨厌一样。既然悲观于事无补，那我们何不用一种乐观的态度来面对呢？就算这样也并不会有任何改变，最起码我们的心里会舒服一些。

在美国郊区的一个小山丘上有一座特殊的房子，它不含任何有毒物质，完全以自然物质搭建而成。住在这个房子里的人叫幸蒂，她需要人工灌注氧气以维持生命，以传真维持着与外界的联络。

1985年，辛蒂在医科大学念书，有一次在上山散步，带回一些虫子。她想拿杀虫剂把虫子去除的时候，忽然感觉一阵痉挛，原以为那只是暂时性的症状，没有料到自己的后半生就毁于一旦，杀虫剂内所含的化学物质使辛蒂的免疫系统遭到破坏，她对香水、洗发水以及日常生活接触的化学物质一律过敏，连空气也可能使她支气管发炎。这种奇怪的病目前并没有药物可以治疗。

患病的头几年，辛蒂忍受着常人无法想象的痛苦，睡觉的时候口水流淌，尿液变成绿色，汗水和其他排泄物还会刺激背部，形成疤痕。她不能睡经过防火处理的的垫子，否则会引发心悸的危险。1989年，她丈夫用钢和玻璃为她盖了一个无毒的房间，一个足以逃避所有威胁的世外桃源。辛蒂所有吃的喝的都经过选择和处理，她平时只能喝蒸馏水，食物中不能含任何化学成分。

从生病算起的8年时间，35岁的辛蒂没有见到过一棵花草，听不见悠扬的声音，感觉不到阳光流水。她躲在没有任何饰物的小屋里，饱尝孤独之余还不能放声大哭。因为她的眼泪和汗液一样，可能成为威胁自己的毒素。而辛蒂没有在痛苦之中自暴自弃，她不仅为自己，也为所有化学污染的牺牲者争取权益而奋战。1986年，辛蒂创立了“环境接触研究网”，致力于人类病变的研究。1994年，她与另一个组织合作，设立了“化学伤害资讯网”。目前，这一“资讯网”已经有5000多名来自32个国家的会员，不仅发行刊物，还得到了广泛的支持。

辛蒂的不幸是我们很难想象的。这样的不幸离我们太过遥远，而当不幸降临我们身上的时候，我们又该怎么去面对？辛蒂在寂静无毒的世界里坚强而充实地生活着。她说她不能流泪，所以选择微笑面对生活。

当有不愉快的事情降临的时候，我们务必要保持乐观精神，而不能被一时的阻碍所俘虏。虽然这个世界不以我们的意志为转移，但我们可以改变自己的心态，从而更好地适应生活，享有一个美丽而安宁的精神世界。古希腊哲学家艾皮克蒂塔曾说：“一个人的快乐与幸福，不是来自于依赖，而是来自对外界运行规律的追求。”

乐观的人能够把自己的烦闷和苦恼排解出自己的大脑，知道用乐观的心理来应对其他的一切，以便让自己的每一分每一秒都有意义和价值。

詹姆斯就是一个乐观的人。当别人问他最近过得如何，他总是带给你令人琢磨不到的好消息。

他是美国一家餐厅的经理，当他换工作的时候，许多服务生都跟着他从这家餐厅换到另一家，这是为何呢？因为詹姆斯是个天生的乐天派，如果有某位员工今天状态不佳，运气不好，詹姆斯总是适时地告诉那位员工往好的方面想。

这样的情境真的让人很好奇，所以有一天有位友人到詹姆斯那儿问他：“没有人能够老是那样的积极乐观，你是怎么办到的？”

对此，詹姆斯回答：“每天早上我起来告诉自己，今天有两种选择，可以选择好心情，也可以选择坏心情，而我总是选择有好心情。每当有不好的事发生，我可以选择做个受害者，也可以选择从中学习，而我总是选择从中学习。每当有人跑来跟我抱怨，我可以选择接受抱怨，或者指出生命的光明面，而我总是选择指出生命的光明面。”

“但并不是每件事都那么容易啊！”这位友人抗议说。“的确如此。”詹姆斯说：“生命就是一连串的选择，每个状况都是一个选择——你要选择如何回应，你要选择人们如何影响你的心情，你要选择处于好心情或是坏心情，你要选择如何过你的生活。”

数年后，这位友人听到詹姆斯意外地做了一件你绝想不到的事：有一天他忘记关上餐厅的后门，结果早上3个武装歹徒闯入抢劫，他们逼着詹姆斯打开储钱的保险箱，詹姆斯由于过于慌乱，弄错了一个码，惊吓了抢匪，于是他们开枪射击詹姆斯，遭受重伤的詹姆斯被邻居及时发现，送到医院进行紧急抢救，医生施行手术的时间就超过了18个小时，术后经过悉心照顾，詹姆斯终于出院了，但还有颗子弹留在他身上……

听完这事之后不久，这位友人遇到詹姆斯，便问他最近怎么样？他回答：“如果我再过得好一些，我就比双胞胎还幸运了。要看看我的伤痕吗？”友人婉拒了，但他问了詹姆斯当抢匪闯入的时候，他的心情变化。

詹姆斯答道：“我想到的第一件事情是我应该锁后门。当他们击中我之后，我躺在地板上，还记得我有两个选择：我可以选择生，或选择死。我选择活下去。”

“你不害怕吗？”友人问他。

詹姆斯继续说："医护人员真了不起，他们一直告诉我没事，放心。但是在他们将我推入紧急手术间的时候，我看到医生跟护士脸上忧虑的神情，我真的被吓倒了，他们的脸上好像写着——他已经是个死人了。我知道我需要采取行动！"

"当时你做了什么？"友人又问。

詹姆斯说："当时有个护士用吼叫的音量问我是否会对什么东西过敏。我回答：'会。'

这时，医生跟护士都停下来等待我的回答。我深深地吸了一口气喊道：'子弹！'

等他们笑完之后，我告诉他们：'我现在选择活下去，请把我当作一个活生生的人来开刀，而不是一个活死人。'"

詹姆斯能活下来当然要归功于医生的精湛医术，但同时也由于他令人惊讶的乐观态度。他的那位友人从他身上学到，每天你都能选择享受你的生命，或是憎恨它。这是惟一一件真正属于你的权利。没有人能够控制或夺去的东西，就是你的乐观态度。如果你能时时注意这件事，你生命中的其他事情都会变得容易许多。

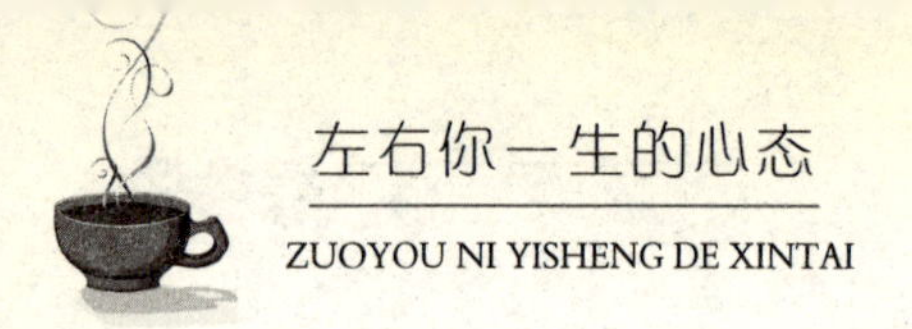

笑对命运

培根说过：“超越自然的奇迹多是在对逆境的征服中出现的。”我们人类就是在挫折里一次次地得到成长，一次次地克服困难，一次次地创造出奇迹。挫折不仅激发出我们的智慧，也让我们更加成熟。

威尔克科斯说：“当生活像一首歌那样轻快时，笑颜常开乃易事；而在一切事都不妙时仍能微笑的人，才活的有价值。”

不幸出现在我们的生活里，并不足为奇。然而，当我们遭遇不幸的时候，我们应该重视它的存在价值和利用价值，而不是一味躲避退缩。

诚然，生命之花刚刚萌芽，却遭风吹雨打，事业之帆刚刚启程，就遭遇暗礁、险滩，这真的是很不幸。但是，你大可不必哀哀泣泣，辨证地分析一下，那些“坏”的东西里面或许也会存在着一些积极的因素，在一定条件下是否可以引出“好”的结果呢？那些总是回避不幸、悲叹不幸、屈服不幸的人，最终只能成为不幸的阶下囚，被不幸吞噬掉。一个人只有把生活中遭遇的不幸当作前进道路上的阶梯，才能永远感受到成功曙光的照耀。其实，人生正是在这种一高一低的跋涉中走完自己生命历程的。

乐观地面对困难，多一些快乐，少一些烦恼，你就会惊奇地发现，这不仅会使你的工作充满乐趣，还会让你获得幸福的感觉。你甚至还会发现，你自己已经变成了一个更为优秀、更为完美的人了。

你如何看待困难将完全取决于你自己的态度。在我们每一个人心中都有乐观向上的力量，它使你在黑暗中看到光明，在痛苦中看到快乐。

戴尔·卡耐基就说过："生活就像是一面镜子，你对它哭，它就对你哭；你对它笑，它就对你笑。"改变心态，付诸行动，在奋斗中寻找和校正自己的人生理想，也许就会改变你的一生。应该相信黑暗过后总会有曙光，茫然过后总会有新希望。在短暂而宝贵的一生中，光阴易逝，青春难再，与其对眼前现状长嗟短叹，郁郁寡欢，还不如调整心态笑对生活。用行动抹去生活阴影，积极扎实地奋斗着，有人生目标，对生活有所追求，日子过得充实而忙碌，生活才会更加有意义。

一只蚌最近总是感觉到身体里面有个东西在折磨着他，这使他痛苦万分。一天，他向另一只蚌哭诉："我身体里面有个圆圆的、沉重的家伙，给我的生活带来了很大的不便，我简直难以忍受了。"他的伙伴听了，庆幸地说："那你真是太不幸了，还好，我的身体健全无恙啊！"这时，一只老龟听了他们的谈话，他安慰那只为痛苦折磨的蚌说："孩子，你现在虽然痛苦，但是你却在孕育着一颗美丽的珍珠，你朋友虽然没有痛苦，但他却最终一无所有。"

生命就是在不断地历练中成长与壮大的。承受苦难、受尽磨难是成功路途中必经的历程，只有勇于承受痛苦，敢于追求上进，生命才会更有意义，也才更精彩。

在日本，有这样一则古老的故事：从前，有一个樵夫，他每天清晨便到森林里面去砍树，他的妻子则在家里收拾家务。一日，樵夫早早收工了。当他到家门口的时候，他从窗子外面看到妻子和本村的当铺老板在家里偷情。当他开门进屋的时候，清楚地看到了当铺老板钻进了柜子里面躲了起来。面对慌张的妻子，樵夫还是像往常一样走上前去拥抱了她，并且还似乎颇为兴奋地告诉她说："今天，我遇见了森林之神，他赐予了我一对千里眼。"他环视了一下屋子，告诉妻子，他发现房间的柜子里藏了一件值钱的东西，至少可以卖50个金币。并且，他快速地将柜子上锁，将它扛到当铺，向伙计要价50金币。接着，樵夫走到外头悠闲地踱步、抽水烟，让伙计慢慢地考虑这笔生意。这时，柜子内闷得快要窒息的当铺老板让伙计快些付钱，好放他出来。

故事中，樵夫在非常时刻依然能够保持冷静、幽默，将自己脱离愤怒的情绪，以一个既实际又能发泄怨气的方法来处理事情当然是十分理智的。他不但轻松地赢得了50个金币，无愧良心地报了一箭之仇，同时又证明了他的高人一筹，无须担心此事有失面子。此外，樵夫也因此可以更容易地面对或处理自己的痛苦。反观，如果樵夫在盛怒中杀了当铺老板，恐怕后果得不偿失。

夏洛特·吉尔曼在他的《一块绊脚石》中描述了一个登山的行者突然发现前方有一大块巨石挡路。他悲观失望，祈求这块巨石赶快离开，但它一动也不动。他被激怒了，他摘下帽子，抛下手杖，卸下沉重的登山包，径直向那块可恶的石头冲过去，不经意间，他就轻易地翻越了这块巨石，就好像它根本就没有存在一样轻松。

事实证明，每个人都可能遇到很严重的问题，但处理的方法可以完全不同，成天忧心忡忡能解决问题吗？世界著名成功学家拿破仑·希尔说："有些人似乎天生就会运用积极思维，使之成为成功的原动力；而另一些人则必须学习才会使用这种动力。可是，我们发现，每个人都能够学会使用积极思维。"

古希腊哲人赫拉克利特说："一个人的性格就是他的命运。"一个人如何面对自己的命运，命运就会以什么样的面貌回报他。有时，命运就像是一个欺软怕硬的家伙，当你对它屈服时，它就会对你拳打脚踢，让你永不翻身；当你对它嗤之以鼻时，它会自动退缩，给你奉上它最好的礼物。

与病魔苦斗了25年、双腿瘫痪的乐严是我身边的一个最具抗争力的男孩。童年时的他也很快乐，虽然母亲患精神病多年并经常跑得不知去向，但在奶奶和父亲的呵护下，他还是健康地成长起来。8岁时，他意外地摔伤了腿，对于一个在这样的家庭背景长大的孩子而言，命运无疑是不幸的。

3年之后，他的身体出现了一系列变化，走路时经常突然单膝跪地站不起来，上楼时感觉腿脚无力，只能扶墙而行；骑车上学的路上时不时摔倒。不得已，他只好到医院做检查，结果被检查出患有先天性心脏病，医生怀疑是心脏病导致种种症状。11岁的乐严第一次被推上了手术台。但术后症状依然没有改善，无奈的父亲把他带到市里进行全面检查，检查结果让全家人震惊——脊椎骨三四节处骨折内凹。医生说，做手术只有10%的成功率，如果失败，他的脑部以下就会瘫痪；但不做手术，他的余生只能在轮椅上度过。正当父亲为高额的医药费发愁时，懂事的他做出了人生中最重要的决定：拒绝手术。回到家后，坚强的他依然坚持每天上学，邻居们也总能看见他拖着残疾的双腿进进出出。

本以为这是生活给予的最不幸的结局，可上天似乎并没有给艰难的一家人喘息的机会。当他16岁时，父亲突发脑溢血，如果不是抢救及时，父亲也会离他而去。面对这样的困境，他不得不放弃学业。行动越来越不便的他为帮父亲分担医药费，到父亲所在工厂做垃圾分拣工，早晨4点出门卖烟，晚上下班卖报纸，还借钱在家开起了小卖店。时而神志清醒的母亲，每每看见儿子步履蹒跚的身影，都会流下眼泪，可要强的乐严总是笑着说："我不累。"19岁时乐严不得不坐在轮椅上，每天要吃5种以上的药物来维持不断恶化的病情，一家人的医药费对父母每月800元的退休金来说简直就是天文数字。乐严开始变得烦躁，对生活失去了信心。一个偶然的机会，他遇到了与他有相似遭遇的王先生，王先生原来有一份不错的工作，还有一位漂亮的妻子，可一场交通事故使他失去了双腿，妻子也离他而去，面对生活的突变，王先生想到了死……听着王先生的遭遇和鼓励，乐严站了起来。之后再度手术的乐严虽然身体状况每况愈下，四肢肌肉渐渐萎缩，就连抬手也要用力向上甩。但他还是坚持学习和写作，如今的他还能帮助别人树立信心。

乐严的坚强和助人的行为，得到了回报，许多人把他家作为帮扶对象，每到年节，都会为他家送去米面。"虽然我身患残疾，但我能快乐地度过每一天。这就是一个真实的我。"乐严经常笑着对我们这样说。

生活中的我们，随时都有被命运捉弄的危险。可是，我们必须笑对它，将它阴森的面目看轻，活出自己该有的骨气。在任何时候都不要忽略了真实的自己的存在。

在这个世界上，谁都有资格看轻我们，但我们没有资格看轻自己。那些命运的宠儿会有，但大多数人不是，那我们就没有必要去羡慕他们的好运。要知道好运不会白白落在任何人头上，惟有笑对命运，命运才不会将我们看轻，才会给与我们幸运，幸福。

养成宽心待事的心态

宽心待事的心态就是遇事有一颗平常心，在做事时笑对成败。中国自古讲究“胜不骄，败不馁”。笑对成败、荣辱不惊是一个人修心到达的高境界，是人任何时候都应该具备的。没有一颗宽心，就不会有一个好的起点。 在这个世界上，往往是成功者活得潇洒自在，失败者过得空虚难熬。有这种强烈反差的原因，更多的是失败者产生了失衡的心理，他们因为自己心态的不正而产生了嫉妒和仇恨。嫉妒和仇恨就像一个镣铐，这个镣铐又是自己给自己戴上去的。戴着这种镣铐的人，他永远不能在事业上超过他人，有时候还成为社会不和谐的因素。

活在当下、遇事宽心最重要的就是要调整好自己的心态。当遇到困难和挫折时，对事，我们不能只挑选很容易的倒退之路；对人，我们不能有“你不仁我不义”的以牙还牙思想，否则，我们就会陷入更加惨败的深渊。我们要学习成功者的经验，在眼前遇到困难时，首先要怀有挑战困难的意识。困难和挫折同样会使他们很痛苦，但他们会不停地告诫自己：“我忍!我再忍！”“一定有办法！”、“说不定还是好事呢。”用一些积极的意念鼓励和安慰自己，这样他们会发挥自己最大的潜能，使自己不断前进，直至最后的成功。

这就是成功人士所谓的宽心待事，这种宽心待事使我们在失败面前不至于自怨自艾，能使我们把更多的精力用在解决问题上。因此，宽心待事是滋生进取心的基础，在平和的心态中人能获得更多对自己有益的东西。平和的心态，又能积极地进取，就可以造就伟大的成功；消极思想的堆积，足以让人万劫不复。

成功最大的敌人就是自己失势时的消极——这是不正常的。这种不正常的心态常常把我们绊倒。要想在当下活得洒脱，必须牢固树立积极的心态，彻底清除消极的心态。正如沙翁所说："消极是两座花园之间的一堵墙壁。它分割着时秀，惊扰着安息，把清晨变为黄昏，把昼午变为黑夜。"

宽心待事，就是保持一种"轻松平和"的心态，正确地看待自己，和平地对待别人，努力与周围的环境保持和谐。人生活在当下，自然要与他人、与社会发生这样那样的联系，以一颗平常的心态去做人做事，有时能决定你人生的成功。

给各位读者说一个故事：

在清朝时，有一位叫吴棠的人在江苏地面做知县，一天有人来报，说吴棠的一位世交过世，送丧的船就停泊在城外的运河上。吴棠就派差役送200两银子，并约改日去吊唁。

差役送完银子回来，描述送银子时的情形，这与吴棠的世交不相符，细问才知道送错了对象。吴棠为此很生气，立刻命令差役追回这200两银子。

可身边的师爷思考了一下，就提醒吴棠，说送出去的礼再要回来，这样的知县就会显得很小气，不如因此做个顺水人情。吴棠想了想觉得也对，第二天还专门到船上去吊唁。

原来，错送银子的船上也是一家送丧的，而且是两个满洲姐妹，因为家道中落，没有男丁，才使用两个女人护柩北上。她们一路上孤苦伶仃，从没有人上船问寒问暖，没想到却在这里遇到了父亲的故友旧交，心里百感交集。

吴棠在船上吊唁了一番，又与两姐妹叙谈，在殷殷关切之后，便起轿回衙了。

不曾想山不转水转，多年之后，两姐妹中的姐姐成了慈禧太后，成了清朝的最高统治者。但慈禧太后没有忘记当年的吴知县，在朝堂中多有询问。最后吴棠做了巡抚，显赫一时。

假如吴棠以“我凭什么要送给她”的心态思考处理此事，结果有两种可能：第一种遭人笑话，知县的面子无存，还有暴露财产来源不明之嫌；第二种就是遭到姐妹的嫉恨。以慈禧的性格，事后不把他抄家问斩才怪呢！这样，他的命运走向就会因此向下，直至最后丢官丧命，甚至殃及全族。

很多人在心态失衡的状况下，他们总是把名利、得失来看得很重，一旦事情不如自己的意，他们就觉得自己身边“黑暗”无比，感到自己在现实中很难被人很公正地接受和认可，做事更是处处失败。可怕的是，这种情绪反过来会强化他的消极心态，人会因此陷入恶性循环当中，就不会再有成功了。

所以，不论我们成功的难度有多大，只要我们生存在这个星球上，行走在这个世界里，就要以积极健康的平常心来面对一切得失。这样，才能使自己养成一种宽心待事的积极心态，使自己有一把万能的钥匙，打开成功路上所有关口的门，让你的前进畅通无阻。

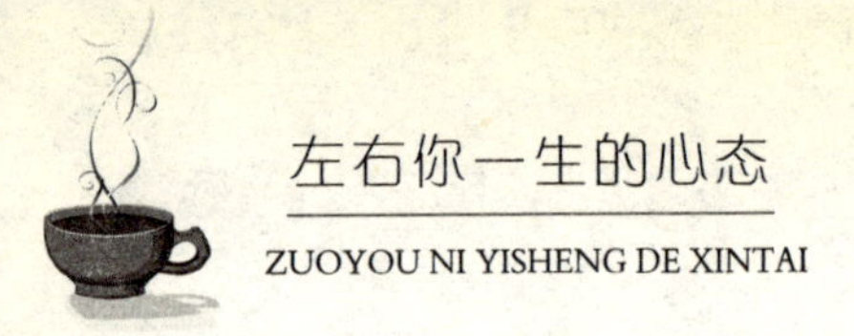

不抱怨生活

卢梭说："生活得最有意义的人，并不是年岁活得最大的人，而是对生活最有感受的人。"

上帝给每个人一杯水，于是，人们从里面体味生活。

当你刚刚来到世界时，你的人生就好像是一杯清澈透明、无色无味的水，而正是因为有了生活的介入，这个杯子才变得丰富多彩，五味俱全。然而生活的总量是不会改变的，它始终是一个杯子，而生活是否有意义完全取决于你自己。

一个铁匠想打造出一把锋利的宝剑出来，于是把一根根长长的铁条插进了炭火中，等到烧得通红，然后取出来用铁锤不停地敲打。如此反复了不知多少次，铁条变成了一把剑。可是他左看右看，觉得这把剑并不符合自己的要求，于是又把它放进了通红的炉火烧，然后拿出来继续敲打，他希望能把它打得再扁一点，成为一个种花的工具，谁知还是觉得不满意。就这样铁匠反复把铁条打成各种工具，结果全都失败了。最后一次，当他们把烧的通红的铁条从炭火里取出来之后，茫茫然竟不知道该把它打造成什么工具好了。实在没有办法了，他随手把铁条插进了旁边的水桶中，在阵嘶嘶声响后，铁匠说："虽然这根铁条什么也没打造成，可至少我还能听听嘶嘶的声音。"

很多人在遭遇失败后，最先做的就是不停地的抱怨，而不是从中吸取教训。这样的行为不但会使他们失去成长的机会，生活也会因此而变的枯燥和充满烦恼。相反，对于那些面对失败保持乐观的人而言，不但不会因此而到处抱怨，而且他们总是能在其中体验到乐趣。

对于一个乐观者而言，面对任何事情他们都不会去抱怨，这也是那些伟大的成功者能取得成功的主要原因之一。

在1888年的大选中，美国银行家莫尔当选副总统，在他执政期间，声誉卓著。当时，《纽约时报》有一位记者偶然得知这位总统曾经是一名小布匹商人，感到十分奇怪：从一个小布匹商人到副总统，为什么会发展得这么快？带着这些疑问，他访问了莫尔。

莫尔说："我做布匹生意时也很成功，可是，有一天我读了一本书，书中有句话深深地打动了。这句话是这样写的：'我们在人生的道路上，如果敢于向高难度的工作挑战，便能够突破自己的人生局面。'这句话使我怦然心动，让我不由自主地想起前不久有位朋友邀请我共同接手一家濒临破产的银行的事情。因为金融业秩序混乱，自己又是一个外行人，再加上家人的极力反对，我当时便断然拒绝了朋友的邀请。但是，读到这一句话后，我的心里有种燃烧的感觉，犹豫了一下，便决定给朋友打一个电话，就这样，我走入了金融业。经过一番学习和了解，我和朋友一起从艰难中开始，渐渐干得有声有色，度过了经济萧条时期，让银行走上了坦途，并不断壮大。之后，我又向政坛挑战，成为副总统，到达了人生辉煌的顶峰。"

莫尔取得的成功来至于他乐观的心理，面对自己的出身低微，他没有一丝的抱怨，面对自己微弱的资产，他也没有抱怨，他没有因为自己只是一个小布匹商人就停止了向往成功的步伐，他而是选择了更高的目标，对未来不断发起挑战，朝着人生的巅峰不停地前进。

成功的喜悦只有那些遇到困难永远不会抱怨的人才可以品尝的到。快乐的生活永远都是在没有抱怨的情况下才可以产生的。那些只知道抱怨的人，就像被蒙上了双眼一样，看不到眼前的无限风光，这样他们自然也就不懂得去享受生活中的美好。对于这些人而言，他们始终都摆脱不了那些困扰在身上的烦恼，焦躁的心情就像魔咒一样一直困扰着他们，幸福和快乐的阳光很难会照在这些人的身上，因此，他们注定将生活在阴暗当之中。

保罗·迪克的“森林公园”使每个路过的人都赞叹不已；葱郁的树木参天而立，各色花卉争香斗艳，鸟儿在林间快乐地歌唱。可有谁知道，这里竟是从以前烧成废墟老庄园上重建起来的！

保罗·迪克从祖父那继承下来的“森林庄园”，在5年前，由于雷电引起的一场火灾，烧毁了整个庄园。面对无情的打击，保罗·迪克根本就没有勇气去面对现实，他心痛不已。他知道，要想重建庄园是要花费很大的精力的，最重要的是还需要很大一笔资金，而这比资金根本就没有办法凑到。保罗·迪克因此而茶饭不思，闭门不出，变得很憔悴。

他的祖母知道了这件事情以后，意味深长地对保罗·迪克说：“孩子，庄园被烧了其实并不可怕，可怕的是自己因此而被毁掉。”

听完祖母的话后保罗·迪克一个人走出了静静的庄园，脑海里始终回想着祖母对他所说的话，对自己的人生开始重新思索。一次，他发现很多人排在一家商店的门口正在抢购些什么，他好奇地走上前去，原来这些人在抢购木炭。木炭！保罗·迪克的脑海里突然浮现出了一个好办法。

保罗·迪克雇佣了几个烧炭工，他们决定用两个星期的时间将庄园里的那些烧焦的树木加工成木炭，然后送到集市上去出售。这一想法果然很有效，保罗·迪克很快就卖光了所有有树木加工而成的木炭，还收获了一笔不小的资金。他用这笔资金购买了树苗后，重新开始精心的打理祖父留给他的庄园，没过多久便有了现在绿树成荫的“森林庄园。”

李·艾柯卡曾是美国福特汽车公司里的总经理，后来又成为克莱斯勒汽车公司的总经理。他的座右铭是：“奋力向前。即使时运不济，也永不绝望，也永不抱怨，哪怕天崩地裂。”

艾柯卡不光品尝过成功的欢乐，也曾有过遭遇挫折的懊丧。他的一生，用他自己的话来说，就叫做“苦乐参半”。1946年8月，21岁的艾柯卡到福特汽车公司当了一名见习工程师。他喜欢和人打交道，而且想搞经销。

艾柯卡靠着自己的奋斗，由一名普通的推销员，最终当上了福特公司的总经理。但是，在1978年7月13日，他却被妒火中烧的大老板亨利·福特开除了。当了8年的总经理，在福特工作已32年，一帆风顺，从来没有在别的地方工作过，突然间失业了。昨天还是英雄，今天却好像成了瘟疫患者，人人都远远地躲开他，过去的朋友都抛弃了他，他遭遇了生命中最大的打击。

但是，艾柯卡没的抱怨，也没有绝望，他想起小时候发生在他身上的一件事：一次，还是中学生的艾柯卡去野外玩，他坐在一根圆木上面，一边吃着三明治，一边欣赏着巍峨险峻的山景。只见两条潺潺奔流的小溪汇合到一起，形成了一个清澈透明深不见底的小潭，然后沿着一条树木丛生的峡谷直泻而下……如果不是有一只蜜蜂“嗡嗡嗡”围着艾柯卡不停地飞，他的心境一定如田园诗般清境。

这不过是一只普通的好扰乱野餐者兴致的蜜蜂。艾柯卡不假思索地把它赶跑了。

可是这只蜜蜂一点儿也没有被吓倒，它又飞回来了，还是围着他“嗡嗡嗡”地转起来。这时，艾柯卡彻底失去了耐心。他一下子把这只蜜蜂打落到地上，接着一脚把它踩住，“嘎吱”一声把它碾进了沙土里。

片刻之后，艾柯卡脚边的沙土发生了奇迹般的变化，使他大吃一惊地是，那个不断折磨他的坏东西居然从沙土中钻了出来。它的翅膀狂乱地扑打着，好像在向艾柯卡示威呢！这一次艾柯卡更不耐烦了。他站起来，用120磅的身体的重量把这只蜜蜂又重新碾进了沙土里。

艾柯卡重新坐下来吃午餐了。几分钟后，他发觉脚边有什么东西轻轻地动了一下。一只身体已被碾破但仍然活着的蜜蜂从沙土里有气无力地钻了出来。

艾柯卡对蜜蜂的幸存产生了兴趣。他俯下身子仔细地查看蜜蜂的伤——右侧的翅膀还相对完整，但左侧的翅膀已被碾得像一块揉破的纸。然而，那只蜜蜂仍然在不停地上下活动着它的翅膀，仿佛在估量着自己所受的损害。它还开始修整它那沾满了泥沙的胸腹部。

随后，蜜蜂把注意力转向那折变了形的左翅，用腿反复抚摸着整个翅膀。每整理一段时间，蜜蜂就嗡嗡地扑打翅膀，好似在测试升力。这只毫无希望的残废者竟以为它还能飞？艾柯卡双手撑地跪下去，想更好地看看这些无用的努力。

他更仔细地观察证实，这只蜜蜂完了——它肯定完了。艾柯卡确信自己有这点生物学知识。

但是，那只蜜蜂仿佛对艾柯卡这高超的判断置若罔闻。它好像在逐渐恢复力量，并且加快了修整的节奏。这时，它那薄纱般的翅膀坚挺起来，而已弯曲的翅膀差不多已伸直了。

终于，蜜蜂觉得有充分的信心可以作一次试飞了。伴着一阵“嗡嗡”声，它飞离了地面，然而却一头撞在不到3英寸以外的沙堆上。这个小生命撞得很厉害，然而它还是拼命地梳理和伸展翅膀。

蜜蜂再次飞了起来，飞了6英寸后又撞到了另一个土墩上。很明显，蜜蜂的翅膀恢复了升力，但它还没能好好地控制方向。每次碰撞以后，那只蜜蜂便疯狂地活动，以纠正新发现的结构上的缺陷。

它又一次飞了起来，这回越过了沙丘而笔直地朝一根树桩飞去。勉强地躲过了树桩，然后放慢了飞行的速度，转了几圈儿，在明澈如镜的水潭上空慢慢地飘过，似乎要欣赏它自己的曼妙的身影。

艾柯卡想起童年时代里刻骨铭心的这一幕，他告诉自己：“艰苦的日子一旦来临，除了做个深呼吸，咬紧牙关尽其所能外，实在也别无选择。”

艾柯卡是这么说的，最后也是这么做的。他没有倒下去。他接受了一个新的挑战：应聘到濒临破产的克莱斯勒汽车公司出任总经理。

艾柯卡，这位在世界第二大汽车公司当了8年总经理的强者，凭他的智慧、胆识和魄力，大刀阔斧地对企业进行整顿改革，向政府求援，舌战国会议员，取得了巨额贷款，重振了企业雄风。

1983年8月15日，艾柯卡把面额高达8.1348亿美元的支票，交到银行代表手里。至此，克莱斯勒还清了所有债务。而恰恰是5年前的这一天，亨利·福特开除了他。

人生就是这样到处充满了坎坷，谁都避免不了遇到一些麻烦和困难，如果一味抱怨的话，不但事情得不到解决，人生也会因此而失去快乐。曾有一位伟大的哲学家这样说道：“迷路时抱怨的一百句话，顶不上问路的一句话。”与其不停地抱怨，还不如把时间和精力放在思考和解决问题上面，这才是遇到困难时应该要做的事情。同是一件事情，抱怨会将其变得非常糟糕，相反，如果你能杜绝抱怨的话，即使是一件糟糕的事情处理起来也会变得比较轻松。当我们遭遇困境时，千万不要让抱怨毁掉我们继续奋斗的勇气和精神，掌握自己的命运，抓住希望永不放弃，相信，最终我们获得的一定会是幸福和快乐。

人生的幸福就是快乐地生活

小说家屠格涅夫曾这样说："幸福没有明天，也没有昨天，它不怀念过去，也不向往未来，它只有现在。"人生最大的幸福莫过于每天都能快乐地生活。正如屠格涅夫所说，珍惜眼前的快乐才是最幸福的事情。很多人一生都在追求幸福，殊不知幸福就在我们眼前，如果我们能学会珍惜眼前的每一份快乐，我们就已经生活在幸福当中的。

生活中的大多数人，一生热衷于追求财富、权势、声誉，我们甚至很少听人说："我一生都在追求快乐。"因为，在一般人的印象之中，当他们得到财富、权力、名誉、地位之后，快乐也就会随之而来了。不过，少数"幸运者"等到他们耗费毕生力气将这些追到手之后，才恍然大悟，快乐非但没有来，反而换来了痛苦。

纵观那些事业有成的人，他们都有一个共同的特点，那就是他们对自己的工作怀有深深的热忱，他们总是用快乐的心情对待自己的工作。事实上，也正是如此，当你以快乐心情工作时，你的工作就会做得更为出色，你也就更容易获得成功。

有这样一个在麦当劳工作的员工，他每天的工作就是给客人煎汉堡。但是他并未因每天枯燥乏味的工作而懈怠，相反，他每天都很快乐地工作，尤其在给客人煎汉堡的时候。许多顾客看到他心情愉快地煎着汉堡，都对他为何如此开心感到十分好奇，便问他："是什么事情让你感到如此愉悦呢?"

这名员工满面春风地对客人说："在我每次煎汉堡的时候，我便会想到，如果点这汉堡的人可以吃到一个精心制作的汉堡，他的心情也会好起来，每次想到这里我都要求自己要好好地煎这个汉堡，好让吃到汉堡的人能感受到我带给他们的快乐。每次我看到顾客吃了之后十分满足，并且神情愉快地离开时，我便感到十分高兴。因此，我把煎好汉堡当作是我每天工作的一项使命，要尽全力去做好它。”

顾客们听了他的回答之后，都感到非常的惊异和钦佩。他们回去之后，就把这件事情告诉周围的同事、朋友或亲人，这样一传十、十传百，很多人都专程来到这家店，专门吃他煎的汉堡，同时看看这个“快乐的煎汉堡的人”。

公司很快得知了这一情况，他们一致认为这样一名怀有热情、工作态度积极的员工是绝对值得奖励和栽培的。不久，“快乐的煎汉堡的人”便被提升为地区经理了。

应该说，这个煎汉堡的人，他的工作可以说是普通得有点单调乏味了，可是我们这位可爱的员工却把“做好每一个汉堡，让顾客吃了开心”，当作是自己的工作使命。对他而言，只有这样做才是有意义的，所以他满怀信心、热情并且快乐地去做好这份工作。

如果我们也能像他一样，把每件简单的工作都提升为自己的人生使命，力求把它做得更加完美，那么我们的成就感和信心就会愈来愈强，工作也会愈来愈顺畅。当别人看到我们热忱地、全力地把工作做好时，自然会有感受，机遇也就多起来。

我们应该尽可能地面带微笑去面对生活，只要你这样做了，你将会发现由于微笑给你生活带来了改变，你也将由此变成一个幸福快乐的人。

其实，快乐和痛苦，都是由自己造成的。只有那些善于发现快乐的人，他们才能在看似平凡的生活中随时找到快乐的种子。而那些整天忧愁的人，尽管身边有许多快乐，但他们却总是视而不见。

罗丹说过，生活中从不缺少美，而是缺少发现美的眼睛。我想，快乐是否也可以套用罗丹的话？许多人认为自己活得并不快乐，那是因为他没有一颗发现快乐的心，没有珍视自己拥有过的快乐，而是一味地强求许多还没有得到的东西，而且一直以为只有得到了才会快乐。可是，请大家不要忘记，快乐是你内心真实的感受。物质的满足只是你快乐的条件，却不是真正的原因。

“当我站在山顶，看着落日在不远处的山峦斜挂，听着耳边阵阵的松涛声，我简直快乐得要哭出来了，我从没想到能够站在山顶是这样快乐!”朋友告诉我时，眼睛仍闪着亮光，在他多年的生命中，这一个发现，似乎比发现一笔宝藏还让人快乐。“因为我发现了自己的能力，发现了自己禀赋的潜能，发现了新的乐趣……”“我想人生中许多的发现，都能带来类似的喜悦，像婴儿的第一句话语，新学会的一首歌，或是刚学会的技艺……”这种由内在的意愿而化成事实的振奋，实在是人性中最宝贵的东西，每一个人都曾有过这样的感觉。

发现内心的自我，而发展成自我的人格，是一个人内心成长的过程。儿童由于心智尚未成熟，必须从不断的赞美与肯定中，得到鼓励。别人的赞美与批评，都是外在的因素，我们不能永远依赖外来的评判来了解自己，只有自己的探索、发现才能接近真正的自我。一个成长的人，越能明白自己的优缺点，越不会受外界的干扰，也越能明白内心的世界，而能控制自己的喜乐，脱离了童稚的依赖心理，心智才能成熟快乐。

美国内华达州的一所中学曾在入学考试时出过这样一道题目：比

尔·盖茨的办公桌上有5只带锁的抽屉，里面分别装着财富、兴趣、幸福、荣誉、成功。而比尔·盖茨总带着一把钥匙，而把其他的4把锁在抽屉里，请问他每次只带哪一把钥匙？其他的4把锁在哪一只或哪几只抽屉里？有一位聪明的学生在美国麦迪逊中学的网页上看到了比尔·盖茨给该校的回信，他说：“在你最感兴趣的事物上，隐藏着你人生的秘密。”这无疑是正确的答案。

是的，一个人假如可以在他喜欢的事物中耗费精力，就一定可以在那件事物中发现别人无法发现的秘密，并从中获得别人无法拥有的快乐。因为在整个过程中，那个真实的自我在成就中被承认了存在的价值，得到了满足。

不为一时的成败而困扰

莎士比亚有一句话："聪明的人永远不会坐在那里为他们的损失而悲伤，他们会很高兴想办法来弥补他们的创伤。"想要收获成功与快乐，非常重要的一点就是记得随手关上身后的门，学会将过去的错误、失误统统忘记，不要沉湎于懊恼、悔恨之中，要一直向前看，时光一去不复返，明天又是新的一天，不要使过去的错误、失误成为明天的抱负。

当然，失败是一件很不幸的事，但天底下没有永远不幸的人。当你遇到不幸和遭遇不愉快的时候，你也可以换个角度或者转个弯来思考这个问题，也许损失或者你的不幸会成为一种财富，你也会从中得到一种奖赏。

痛苦是因为执著，快乐来之于放弃，幸与不幸是相对的。中国有句古话"塞翁失马，焉知非福"，说的就是这个道理。

任何人的工作和生活都不可能一帆风顺，失误和过错总在不断地出现。但我们总不能在自己给自己做的茧里不断后悔，总不能困于泥沼中不能自拔。生活是不相信眼泪的，有些东西明明得不到，有些错误明明已无可挽回，有何苦耿耿于怀、不能释然？伤感也罢，所有的叹息，所有的抱怨都是徒劳无益、无济于事的，都不能使你改变过去、挽回错误，都不能使你更聪明、更完美，并且还可能会使事情变得更加糟糕。当你失去了太阳，请不必哭泣，因为在你哭泣的时候，可能连月亮也失去了。

从另一个角度讲，我们要相信上帝是公平的，它关闭了你的一扇门，就一定会给你开启另一扇窗。在造物者眼里，一切永远都是开始。在唯物主义者眼里，生活总是辩证的，失去了是另一种获得，获得又是另一种失去，生活总在失去而复得、得而复失中不断循环。你在某一件事、某一阶段的过错和失败，不代表你人生的全部失败。即使在某一方面很不如意，那也不是生活的全部，生活中还有许多更美好的东西、更崇高的理想，为什么不能以坦然、从容、豁达的心态面对一切呢？既然拿得起，就要放得下，一切都是生活的一段经历而已，它让你开阔了眼界，增长了见识，锻炼了能力，磨练了意志。

卡耐基在事业刚起步时举办了一个成人教育班，并且陆续在各大城市开设了分部。他花了很多钱在广告宣传上，同时房租和日常办公等开销也很大，尽管收入不少，但过了一段时间后，他发现自己连一分钱都没有赚到。由于财务管理上的欠缺，他的收入竟然刚够支出，一连数月的辛苦劳动竟然没有什么回报。

卡耐基很是苦恼，不断地抱怨自己疏忽大意。这种状态持续了很长时间。他闷闷不乐，精神恍惚，无法将刚开始的事业继续下去。

最后，卡耐基去见中学时的老师，老师跟他说了一句话：“不要为打翻的牛奶哭泣。”

聪明人一点就透，老师的这句话如同醍醐灌顶，卡耐基的苦恼顿时消失，精神也振作起来，又重新投入到自己热爱的事业中去了。

后来，卡耐基常把这句话说给他的学生们听，也说给自己听：“是的，牛奶被打翻了，流光了，怎么办？是看着被打翻的牛奶伤心哭泣，还是去做点别的。记住：牛奶打翻了已成事实，不可能重新装回杯中，我们惟一能做的，就是找出教训，然后忘掉这些不愉快。”

不必把时间浪费在后悔中。犯错误和疏忽大意的确在自己，人的一生中，谁敢说自己从没有犯过错呢？就连拿破仑，这个不可一世的伟人，也在他所有重要的战役中输掉了三分之一。或许我们失误的平均记录并不比拿破仑更差，更重要的是，即使用国王所有的兵马也不可能挽回过去。如果我们为打翻牛奶而哭泣，就如同我们向往着天边的一座奇妙的玫瑰园，却不注意欣赏就开放在我们窗口的玫瑰。我们总是不能及时领悟：生命就在我们的生活里，在每天的每时每刻中。是谁说过，如果你心中对这个世界充满了不满，那么即使你拥有了整个世界，也会觉得伤心。

一个留学澳大利亚的上海学生，为了寻找一份能糊口的工作，他骑上了一辆旧的自行车沿着公路走了数日，替人放羊、割草、收庄稼、洗碗，几乎干了他所有能干的活。一天，在唐人街洗碗的他，看见了报纸上刊登着一家电讯公司招聘的启事，于是决定前往应聘。

由于担心自己英语不地道，专业不对口，他选择了线路监控员的职位去应聘。过五关斩六将，眼看它就要得到年薪3.5万元的职位，不想招聘主管却出乎意料地问他："先生，你有自己的车吗？我们这份工作时常外出，没有车很难完成工作。"

澳大利亚公民普遍拥有私家车，在主管看来，应聘者没有车的情况下几乎不会发生，所以才这样问道。为了争取这个职位，留学生马上做了一个决定："我正准备买一辆车！"主管说："那请你4天后，开车来上班吧。"

4天时间买车谈何容易，更何况这个留学生连开车都不会。但是年轻人没有放弃，他决定试一试。下来的4天成为了他人生的重要转折点，首先他在华人朋友那里借了500欧元，到旧货市场买了一辆外表已经损坏的小车，当天就拉着朋友教他学习简单的驾驶技术；第二天，他在朋友家屋后的空地上反复练习；第三天，他歪歪斜斜地开上了郊区公路。这3天的时间，他的生活里只有一件事情，那就是“开车”，他做梦都是握着方向盘的姿势。第四天，他居然开着小车去了公司。主管安排他的工作，没有看出什么异样。就是奇怪，为什么他的手一直在抖，只有留学生自己知道，是因为这几天高强度的训练。

后来年轻的留学生成为了这家电讯公司的业务主管，因为其敢于挑战的精神带领着公司的员工不断突破记录。回想起几年前那个在饭店洗碗的青年恍如隔世。

我们不去评论留学生当年不顾危险开车上路的行为，而为年轻人的闯劲儿佩服。面对重重困难，他没有低头，而是用自己的勇气和毅力创造了自己的未来。如果当初它畏首畏尾不敢去尝试和挑战，根本不会有一个机会去施展自己的才华。

我们每个人都有过去，但是过去不等于未来。不管曾经是多么风光，曾经是多么失意，都已经过去，重要的是面对眼前的挑战，勇敢创造未来。

不要过于苛求完美

完美已经成为如今人们追求的目标，无论生活还是工作，人们总是把事情做到最好，也正是因为如此，人们为自己曾加了许多不必要的烦恼。车尔尼雪夫斯基说："既然太阳上也有黑点，人世间的事情就更不可能没有缺陷。"

世界上没有完美的东西，这个道理相信很多人都已经非常明白了，可为什么还是有很多人在不断追求着生活完美呢？我们可以把那些追求完美的人分成两种：第一种人有可能是为了使自己的人生过得更加充实，他们追求完美并不是想得到什么，而是在向自己发出挑战。第二种人追求完美的原因和第一种完全不同，他们之所以一刻不停地追寻着完美，是因为他们始终都不能满足，也可以说是贪婪的一种表现。为了满足自己的欲望，他们始终都在追求"完美"。第一种人是伟大的，他们不断追求完美是为了使自己的生活更加充实。第二种人则有些让人感到悲哀，为了精神或是物质上的满足，付出自己全部的精力去追求更多，只能使自己生活在压力和劳动当中。

屠格涅夫曾说："人生没有一种不幸可以与失掉时间相比了。"人生没有完美，过于追求从来没有的东西，在浪费大量时间的同时，还会使生活失去乐趣。我们要永远做第一种人，只为充实自己而活，不为得到而活。

张某很要强，她总是怕别人看不起。考大学那年，因为过分地担心自己考不好，就整天开夜车，由于体力不支，结果临近考试时病倒了。参加工作后，自己事事积极，但在大多数时候好心办坏事，往往屡屡被辞退。等结婚之后，有发现自己的老公不能给自己更好的生活，与老公闹离婚。在她的生活中，那些快乐似乎离她很远很远，永远都触不到边。李某却总是一副波澜不惊的样子。考大学时，别人急得睡不好觉，她却睡得比谁都安心。问她为什么没有一点着急的迹象，她大大咧咧地说："急也没有用，反正该学的我也学了，考成什么样子就什么样子呗。"结果她超常发挥，快乐地走进了自己梦寐以求的大学校门。工作之后，别人劝她找找领导，安排一个更好的岗位，她却没有丝毫动作，但自己活得很开心。结婚时，别人都挑来挑去，生怕误了一生，她却找了一个很普通的人，可是，她的爱人对他很好，而且没有几年时间，他们就通过自己的奋斗，有了该有的一切。她的不苛求，为她带来了幸福、快乐。

生活中许多事情不是我们能左右的。过于苛求完美只会增加增加的压力，使自己难得开心。与其没有快乐地活着，倒不如对任何事情都不要在意，只是尽心尽力就可以了，结果如何我们可以不去在意。真实的自我能够在整个过程中感受到快乐就是最好的回报。

美国前总统林肯先生曾这样说道："我的生活经验让我深信，没有缺点的人生往往优点也很少。"从某个方面来讲，缺陷也是一种美，它同样会给人们带来很多收益。拉罗什富科认为，在日常生活中，我们往往由于自身的缺点而不是优点才招人喜欢。缺陷使人们变得更真实，缺陷让人们有所思有所悟，有了缺陷才能感觉到人类追求完美和进步最深层的呼吸和力量，所以，"缺陷美"在美学上的实质是：它能唤起人某种特殊的感受，能激发人的联想。在与完美对比中，缺陷使人感觉到追求进步、追求美的需要，从而具有了积极的意义。

在很久以前，有一个技艺精湛的老玉匠，希望有人能把他的手艺学会，并且发扬光大。于是，他便收了3个徒弟：大徒弟、二徒弟和小徒弟。经过他几年细致耐心地传授以及弟子积极用工的学习，老玉匠想考察一下他们学习的成果。

一天夜里，老玉匠把3个徒弟叫到跟前并对他们说："有一个块没有任何缺陷、毫无瑕疵的美玉在崇山峻岭的深处，她是一块无价之宝。你们和我学艺已经很久了，是检验你们学习成果的时候了，你们也应该去成就自己的一番事业了。从明天起你们就离开这里去寻找那块完美无缺的美玉吧，如果找不到谁也不要回来见我。"

第二天一早，3个徒弟就踏上了寻找美玉的路，他们向大山的深处走去。

大徒弟是一个非常执着的人，并且注重生活实际。在途中，他偶尔会发现一些有瑕疵的玉石，也会发现一些成色质地粗糙但形状很特别的玉石。每每如此，他都会很细心地将各种玉石归类并且放在包裹里面。4年很快就过去了，已经到了他和师弟们回去见师傅的日期了。当他看到满满的行囊里有各种各样奇形怪状、颜色不一、成色不等的玉石和一些充其量只是一些"怪石"东西时，心理还是有一种失落感。他想起了出来时师傅对他们说的话，他很担心师傅不会让他进门，因为他没能找到师傅所说的那块完美没有一点瑕疵的美玉。但他十分想念自己的恩师，想到师傅的年纪已大，即便是会被师傅骂，即便是师傅不让他进门，他还是要回去。同时他心里也有一种满足感，在他看来，这些玉石虽不是完美，但也非常的漂亮。

他找到了自己的两位师弟，见到他们时，他们两个还都是两手空空，什么也没有找到。小师弟看过他的包裹后说："你找到的这些东西都只不过是一般的东西而已，外人也许会视它为宝贝，但这并不是师傅要我们找的那个绝世珍品，拿回去师傅也不会满意。"他接着又说："我不回去，师傅在我们临走时交待过我们，不找到那块完美无缺的玉石，是不允许我们回去见他的。我要继续更远更高的严峻的山里去寻找，我一定带着那块绝美的玉石回去见师傅。"二师弟和小师弟的想法完全相同。没有办法，大徒弟只好一个人带着他的那些石头回去见师傅。当让把自己的成果交给师傅看时，师傅不但没有责骂他，脸上还露出了一丝笑容。

大徒弟把他见到两位师弟、和他们谈话的过程向师傅说了一遍。师傅听后叹了一口气说道："你的师弟们不会回来了，他们俩不是合格的探险家。如果他们幸运的话，能够中途醒悟，明白至善至美是不存在的这个道理，那是他们的福气。如果他们不能醒悟过来，那只有付出一生的代价了。"

大徒弟回来没多久便开起了一家玉石店。经过他加工过的玉石，每一块都价值连城，堪称是无价之宝，就连皇宫里的贵族都到他这里来买玉石。短短几年，大徒弟的玉石店已经远近闻名了，在他寻找到的玉石中，有一块经过加工，成为了不可多得的极品，被国王用作了传国玉玺，大徒弟的人生也因此变得更加辉煌。

又经过了3年，二徒弟回来见师傅，他只找到了几颗玉石，但却费了他很多的心力。师傅看后，面带笑容，为他的醒悟感到庆幸的同时，也为小徒弟而惋惜。

很多年过去了，师傅的生命已经奄奄一息了。大徒弟和二徒弟对师傅说要派人去找小徒弟。这时师傅却说："不要找他了，经过这么

长的时间和失败都不能够使他醒悟，这样执迷不悟的人，即使是回来了又能做成什么事呢？时间上没有完美的玉，也没有完美的人，为追求这种东西而耗尽生命的人，何其愚蠢啊！”

人生本来就没有完美，我们要学会在缺陷中发现美，寻找美，这样我们才能充分的体会到生活的乐趣。而不会在因为过于追求完美而浪费自己的时间和生命了。

当然，不求完美并不是让大家放松对某件事情的追求，而是想让大家能正确认识人生，不要落入到不完美决不罢休的这个误区当中。在某个大集团公司一座雄伟的建筑物上高挂着一条条幅，条幅上面写着：“在此，一切都求尽善尽美”。这句话值得所有人学习。是的，虽然我们不可能吧所有事情都做到完美，但我们可以通过不懈的努力，竭尽全力求得尽善尽美的结果。

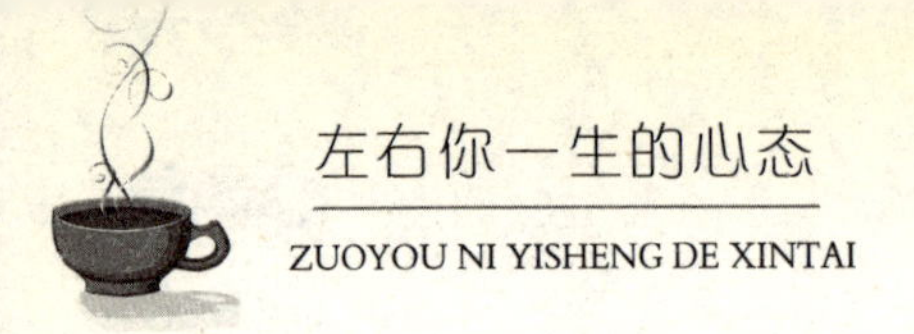

人生不必太在意小事

斤斤计较往往是我们评价一个人的心态和价值观的一项标准，遇到事情不肯做一点让步、分毫必争的人在与人交往中就会令人反感。斗量有多有少，秤头有高有底，天平有毫厘之差，凡事都有个概率，绝对的平衡和平均是没有的。宇宙间万事万物之所以永不停息地运动，就在于万事万物始终在进行着从平衡到不平衡又从不平衡到平衡的循环往复的变化。所以，宇宙间绝对的公平是没有的。既然没有绝对的公平，那么人生也就不应该为了区区小事而斤斤计较，苛求绝对的公平。

一个人的人生之所以总是充满烦恼，大多是因为他不能把一些事情看淡。也就是总是对一些小事斤斤计较，这也就导致了他们对很多事情都不能乐观的对待，动不动就会大发脾气，使人生变得压抑暗淡，没有一丝愉悦的阳光。其实，我们完全没有必要对某一件事情过于计较，过分追求一件事情的错误，不但不能将其解决，还会使整件事情变得更糟。

王某毕业后，因为在学校表现良好，各门功课都学得不错，再加上父母的一些帮助，在家乡的小城里找到一家效益很好的单位。

刚上班的第一个月，王某非常主动，也乐于给同事们提供帮助，因为他初来乍到，业务不多，所以，办公室里的开水就经常由他去打。几天后，每天提热水壶上楼打开水自然成了王某份内的。同事觉得这是理所当然的事，再说是个年轻小伙子，身强力壮的，就没有在意，认为他应该打水。

这天上午，王某到外面办事去了，中午回到办公室想喝点水，但他揭开热水壶盖一看，里面空空如也。又累又渴的王某突然觉得很委屈，但是，他也没有说什么，拿起水壶就去打水。晚上下班回家，他就想：我是去上班的，又不是专门负责打水，为什么这么长时间就我一个人在干，太不公平了。他越想越生气，第二天刚到办公室，他就大声说从明天起轮流打开水，他不愿一个人承包。

就这样，本来同事们都对他印象很好，他却偏偏在这些小事情上斤斤计较，不能吃一点亏，失去了人心。

计较往往使事情复杂化和矛盾，甚至斗争化，凡不愉快的事情大都由斤斤计较而来。凡事从大的方面把握，这应当是人们为人处世的基本原则。正所谓大行不拘小节，大礼不辞小让。人生应该宽宏大度，避免斤斤计较。

在现实生活中，许多人实在是有一些小心眼，太在意身边一些琐事了。其实，很多人的烦恼，并不是由多么大的事情引起的，而恰恰是来自对身边一些琐事的过分在意、计较和较劲。

比如，有的人对别人说的话总是喜欢一句一句地琢磨，对别人的过错更是加倍地抱怨；他们对自己的得失喜欢常常耿耿于怀，对于周围的一切都易于敏感，而且总是曲解和夸张外来的信息。这种人无非是在用一种狭隘而幼稚的认知方式，为自己营造着可怕的心灵监狱，这也就是我们常说的自寻烦恼。他们不但会让自己活得非常累，而且也使周围的人活得非常累，他们给自己编织了一个非常痛苦的人生。那些对小事不在意的人会活得潇洒，活得真实，才会在意大事，才会成就大事。

有一天，米尔养的一头牛，为了偷吃玉米而冲破附近一户农家的篱笆，最后被农夫杀死。依当地牧场的共同约定，农夫应该通知米尔并说明原因，但是农夫没这样做。

米尔知道这件事后，非常生气，于是带着佣人一起去找农夫论理。此时，正值寒流来袭，他们走到一半，人与马车全都挂满了冰霜，两人也几乎要冻僵了。好不容易抵达木屋，农夫却不在家，农夫的妻子热情地邀请他们进屋等待。米尔进屋取暖时，看见妇人十分消瘦憔悴，而且桌椅后还躲着5个枯瘦如柴的孩子。

不久，农夫回来了，妻子告诉他："他们可是顶着狂风严寒而来的。"米尔本想开口与农夫论理，忽然又打住了，只是伸出了手。农夫完全不知道米尔的来意，便开心地与他握手、拥抱，并热情邀请他们共进晚餐。这时，农夫满脸歉意地说："不好意思，委屈你们吃这些豆子，原本有牛肉可以吃的，但是忽然刮起了风，还没准备好。"孩子们听见有牛肉可吃，高兴得眼睛都发亮了。吃饭时，佣人一直等着米尔开口谈正事，以便处理杀牛的事，但是，米尔看起来似乎忘记了，只见他与这家人开心地有说有笑。饭后，天气仍然相当差，农夫一定要两个人住下，等转天再回去，于是米尔与佣人在那里过了一晚。第二天早上，他们吃了一顿丰富的早餐后，就告辞回去了。

在寒流中走了这么一趟，米尔对此行的目的却闭口不提。在回家的路上，佣人忍不住问他："我以为，你准备去为那头牛讨个公道呢！"米尔微笑着说："是啊，我本来是抱着这个念头的，但是，后来我又盘算了一下，决定不再追究了。你知道吗？我并没有白白失去一头牛啊！因为，我得到了一点人情味。毕竟，牛在任何时候都可以获得，然而人情味，却并不是很容易得到。"

生活中，大多数的人都在追求物质上的满足，表现在言行上便是为了小事斤斤计较，然而当物质需要得到满足之后，我们的心是否真的充实了?

人与物之间是无从比较的，真正的无价必定表现于无形，就像大师的雕刻作品，它的价值不在价格与实体上，而是创作者对作品付出的情感与附在作品身上的生命感悟。

故事中的米尔，尽管失去了一头牛，却换得农夫一家人的笑容和幸福以及难得遇见的人情味，这段经历，更让他懂得生命中哪些才是无价的。

有一位禅师，他非常喜爱兰花，在平日弘法讲经之余，花费了许多的时间栽种兰花。有一天，他要外出云游一段时间，临行前交待弟子：要好好照顾寺里的兰花。在这期间，弟子们总是细心照顾兰花，但有一天在浇水时却不小心将兰花架碰倒了，所有的兰花盆都跌碎了，兰花散了满地。弟子们都因此非常恐慌，打算等师父回来，向师父赔罪领罚。禅师回来了，闻知此事，便召集弟子们，不但没有责怪，反而说道："我种兰花，一来是希望用来供佛，二来也是为了美化寺里环境，不是为了生气而种兰花的。"禅师说得好，"不是为了生气而种兰花的。"而禅师之所以看得开，是因为他虽然喜欢兰花，但心中却无兰花这个障碍，因此，兰花的得失，并不影响他心中的喜怒。在日常生活中，由于牵挂得太多，太在意得失，所以我们的情绪起伏比较大，并不快乐。在生气之际，如果我们能多想想："我不是为了生气而工作的"，"我不是为了生气而教书的"，"我不是为了生气而交朋友的"，"我不是为了生气而作夫妻的"，"我不是为了生气而生儿育女的"，那么，我们就会为自己烦恼的心情辟出另一番安祥。

斤斤计较主要有两个方面，一个是利益方面，一个是情感方面。我们在与人相处的过程中，常常会看到这样一些现象：没有能力的人身居高位，有能力的人怀才不遇；做事做得少或者不做事的人，拿的工资要比拼命做事的人还要高；同样一件事情，你做好了，老板不但不表扬你还对你鸡蛋里挑骨头，而另外一个人把事情做砸了，还得到老板的夸赞和鼓励……诸如此类的事情，我们看了就生气，会理直气壮地说："这简直太不公平了！"

其实，在一些蝇头小利面前，我们不该斤斤计较，最重要的是摆正心态，不必事事苛求百分百公平，否则就是自己和自己过不去。对生活中的小事看开一点，对已经过去的事情更不要耿耿于怀，把精力和时间放在创造新的价值上。这样，就单个事情来说不一定公平，单从整体上来说却是公平的。另外，我们还可以设法通过自己的努力来求得公平，例如我们可以改变衡量公平的标准。公平是相对而言的，衡量公平的标准也不是一成不变的，当你换个角度来看待问题时，你会发觉自己得到的比失去的要多。

不公平是一种进行比较后的主观感觉，因而只要我们改变比较的标准，就能够在心理上消除不公平感。而且产生不公平的心理也是因为不肯放弃自己的某些利益，如果你仔细想想，那些利益在你的生活中又能起到多大的作用呢？如果起不到多大的作用，还不如放弃它，首先你可以赢得人心，其次你也不必为了一些鸡毛蒜皮的事情伤脑筋。有的人习惯于斤斤计较，他不觉得这样非常累心，其实不然，人的脑袋虽然有无穷的潜能还没有发挥，但是，当你的脑袋在被无关紧要的事情所累的时候，你的生活就会慢慢地转型，你脑子思考的问题也就渐渐地局限在了这些小事上。这不仅仅是浪费时间、浪费精力，还是把你的脑力白白地浪费在了一些无用的事情上。如果，你能豁达一些，放弃那些蝇头小利，你的大脑只思考那些重要的、对你的人生起到“质”的作用的事情上，那么，潜能也会有无限发挥的空间。假如你有斤斤计较的时间，可以让大脑轻松一下，做一些对调节大脑有益的运动，岂不是更有意义。

人生不必太在意小事。无论生活还是工作当中，任何人都避免不了不愉快的事情发生在自己的身上，我们应该学会从容面对。要知道这些不愉快都只不过是我们人生中一些下小小的插曲而已。

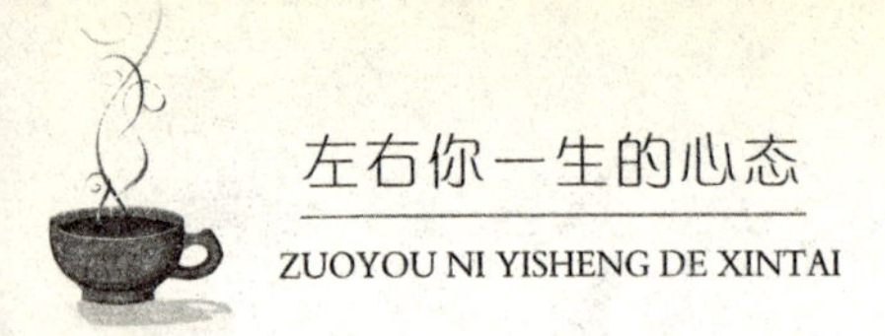

学会欣赏自己

一个人只有学会欣赏自己，生活才会充满了乐趣。很难想象一个讨厌自己的人会生活在阳光里。一个人学会欣赏自己，就会时刻保持一种愉悦的心情，而我们行动起来也就会更加积极，也可以用一种更好的心态来面对生活中的各种打击。

学会欣赏自己就是要我们看到自身的优点。当然这不是让我们盲目自大，盲目自大是一种闭目塞听，它虽然也能看到自身的优点，但却盲目地把它扩大化了，以为这个世界上只有自己是完美无缺的。对自己的缺点视而不见，过高地估计自己的实力，以致脱离实际，最后让自己尝到失败的滋味。而欣赏自己是要肯定自己，但这种肯定却是理智的，是在充分认清自己的优缺点的基础上产生的。他也认识到自己的长处，但也知道自身还存在很多的不足。他不会因为自身存在的缺点而妄自菲薄，或者一直生活在自卑的阴影之中，而是采取积极的态度加以改进。

有一对孪生姐妹，姐姐生得漂亮，且性格活泼好动，而妹妹则稍逊一筹，也不太爱言语，姐姐从小就在人们的一片赞美声中长大，而妹妹却觉得自己不如姐姐而一直生活在阴影里，于是更加喜欢把自己封闭起来，所以在别人的眼里她也一直是个怪异的女孩。

后来，姐妹二人同时考上了大学，但是却在两个不同的城市。妹妹第一次摆脱了姐姐的影子而独立地生活着。没有了姐姐的对比，她也忘记了自己曾经有过的自卑，而大学生活的丰富多彩又让她充满了惊喜。于是她开始试着参加一些课外活动。她的舞蹈跳得不错，而这还是拜她的姐姐所赐。她参加了宣传部，几乎每次晚会都少不了她的身影，而她跳舞的样子也显得更加迷人。由于她性格内向，所以心思细密，而且性格温和，很容易让人亲近，于是结交了好多朋友。她的性格渐渐开朗起来，她发现自己身上也有很多的优点，并没有当初自己想象的那么糟糕。

假期放学回家，她的变化让所有人都感到惊奇。她不再一个人躲在屋子里，而是和周围的人侃学校里的各种趣闻。自信也让她脸上原有的那种忧郁的表情一扫而光，而是充满了阳光，所以整个人都充满了青春的气息，连姐姐也夸她漂亮了好多。

同一个人，差别为什么会这么明显呢？原因就是因为心态发生了变化，即妹妹已经学会了欣赏自己，所以她的一连串的行动也都变得积极起来，而整个人也就变得更加可爱了。

那么，我们如何才能做到欣赏自己呢？

首先，要认识到自己的优点和长处。可以静下心来，仔细地列出自己的优点，然后把它们写在纸上，这样就可以时时提醒自己。认识到自己的优点是欣赏自己的前提，而一个人学会了欣赏自己，在生活中就会更加乐观，也就更能应对生活中的各种难题。

其次，学会给自己记功。功劳不分大小，比如考试取得的一次好成绩，自己克服的一个难题等。当我们把这些微不足道的小事都记下来，在我们心情不好或怀疑自己的时候再拿出来看一看，就会增强自己的自信心。而每次“立功”之后都给自己一点小小的奖励，又会让自己变得开朗起来，对生活也就更加充满乐趣。

再次，理智地对待自己的缺点，注意改正。学会欣赏自己并不是让我们对自身的一些缺点视而不见，那样也就违背了我们的初衷。相反，我们对待错误应该更加严格，并及时地加以纠正。因为每改正一个错误，我们就会有一种成就感，也可以看到自己一步步地走向完美。可以把自己的缺点罗列出来，分析一下形成的原因，然后给自己限定一个期限、某时间段改正某个缺点。

最后，多结交一些朋友。只要能成为朋友，就肯定有某些志同道合之处，就肯定有相互吸引、相互欣赏的地方。从朋友的言行举止中，我们可以捕捉到对我们肯定的信息。而一个人的朋友多了，也就会更加开朗，就算偶尔会有一些负面的情绪，也会在欢声笑语中得到消散，而朋友也会给我们一些安慰或解决的办法。只要将不快的情绪宣泄出来，就不会对我们产生什么危害。

世界上没有永远的失败

一位哲学家说："成功是由若干阶段组成的，挫折只是其中某个阶段而已，如果由于它停止了前进的脚步，那将是非常愚蠢的。"

古希腊的国王，拥有至高无上的权势和享用不尽的荣华富贵，但是他并不快乐。这位患了抑郁症的国王可以主宰自己的臣民，却控制不了自己的情绪，莫名其妙的焦虑和郁闷不时地让他闷闷不乐。

他找到了当时最负盛名的智者苏菲，要求他找出一句人间最有哲理的箴言，而且这句浓缩了人生智慧的话必须一语惊心，能让人胜不骄，败不馁。苏菲接受了国王这个奇怪的任务，但是条件是国王将佩戴的戒指交给他，国王马上就同意了。

几天之后，苏菲把戒指还给国王，并在并叮嘱：不到万不得已，别轻易取出戒指上的宝石，否则就不灵验了。国王将信将疑，但还是戴着这个戒指。

没过多久，邻国进攻，国王率部拼死抵抗，但最终整个城市还是沦陷在了敌人的攻击中，国王也成了丧家之犬，四处流亡。有一天，为了逃避敌兵的搜捕，他藏身在河边的茅草丛中，当他掬水解渴的时候，猛然看到了自己在水里的倒影。谁能相信如今这个蓬头垢面、衣服破破烂烂的人，曾经是那位气宇轩昂、威风凛凛的国王呢？

他甚至想到了以死亡来结束自己这个卑微的生命，他看到了手上的戒指。现在已经是万不得已的时候了，他抠下上面的宝石，只见在宝石里侧篆刻着一句话——这也会过去。

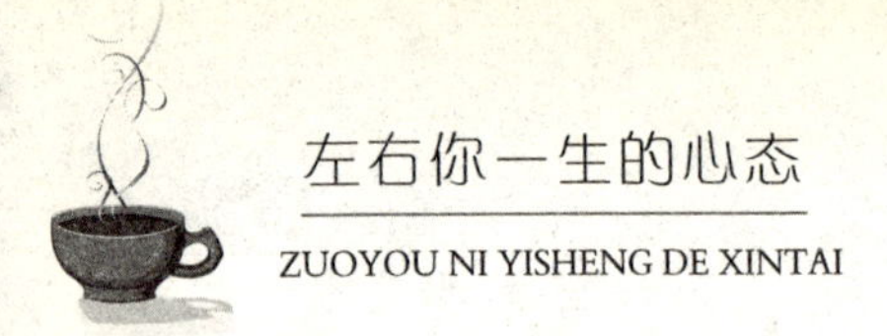

一切耻辱都会过去，一切都是暂时的，没有人知道下一刻会发生什么。失败是暂时的，国王渐渐燃起了心中的希望之火。从此，他忍辱负重、卧薪尝胆，重新振作起来，他暗中招集以前的部下，重新组织起一支队伍，队伍慢慢壮大，在一次一次的胜利中，大家发现了以前那位闷闷不乐的国王，是如此英勇和昂扬。

部队在国王的带领下，战胜了敌人，最终赶走了外敌，而当他再一次返回自己的王宫的时候，所做的第一件事情就是将“这也会过去”这五个字篆刻在王位的宝座上。从那以后，他总是谦虚待人，得意不忘形，失意不伤神。后来这位国王被誉为最有智慧的国王而名垂青史。

得意不忘形、失意不伤神才是面对人生的正确态度。身处顺境，事事顺利的时候，要学会感恩和珍惜；在逆境的时候，面对挫折和失败，学会坚忍和等待。这样最终才能收获成功与幸福。

20世纪80年代，可口可乐公司遭到百事可乐公司强有力的挑战，为了扭转不利的竞争局面，可口可乐公司把希望交给了塞吉诺·扎曼。

扎曼采取的策略是更换可口可乐的旧模式，标之以“新可口可乐”，并对其进行大肆宣传。但在新的营销策略中，他犯了一个致命的错误，那就是将老可口可乐的酸味变成了甜味，而根本没有考虑顾客口味的不可改变性，完全忽略了顾客长期以来形成的习惯。

结果，新可口可乐成为继美国著名的艾德塞汽车失利以来最具灾难性的新产品，以致于79天后，“老可口可乐”就不得不重返柜台支撑局面——改为“古典可乐”。

扎曼的失败使他在公司的地位和形象一落千丈，不久，处处被动的他不得不黯然离职。在离开可口可乐的那段日子，他曾14个月的时间没有和公司的任何人谈过话。对于那段不愉快的经历，他当时感觉像一个孤独而无助的孩子一样，但他没有完全封闭自己。

在扎曼先生经过了一年多的心理低谷后，他和另一个合伙人开办了一家咨询公司，在亚特兰大一间被他戏称之为“扎曼市场”的地下室里，他操纵着一台电脑，一部电话和一部传真机，为微软公司和酿酒机械集团这样的著名公司提供咨询。

后来，扎曼先生为微软公司、米勒·布鲁因公司为代表的一大批客户成功地策划了一个又一个发展战略。

最后，扎曼先生在咨询领域成绩斐然，甚至连可口可乐也来向他咨询，请他回来整顿公司工作，可口可乐公司总裁罗伯特也承认：“我们因为不能容忍错误而丧失了竞争力，其实，一个人只要运动就难免有摔跟头的时候。”

世上没有永远的失败，失败只不过是成功人生的其中一个步骤而已，受挫也只是一时，人生如果没有经历过受挫，那也不会享有真正的成功，成功其实就是一连串失败的结果。

很多时候，一个人的苦乐成败，不在于外物的左右，而在于自己的心态和看待世界的角度，如果你用悲伤的眼光看待生活，那么你的生活就会暗无天日；而且那将会影响你以后阶段的人生前进的脚步。

成功学家拿破仑·希尔认为，不管如何失败，都只不过是不断茁壮发展过程中的一幕。

我们每个人都不可避免地会遇到人生的挫折，即我们在做事的过程中有时会失败，也会遇到人生的各种不幸等等。而有的人每逢事业失败，没等别人说，失败者自己就会想：我失败了，从此阳光离我远去，我再也不会成功了。但如果你知道“一切都不断在茁壮发展”，那么你也许就不会沉浸于失败的黑暗之中，甚至还可以创造出另一个机会来，此时成功也不会离你太遥远了。面对失败，应该具有毫不妥协的战斗精神，但对于屡战屡败的事实，应该做一番认真的思考与总结，要痛定思痛，找出失败的原因，以便在人生下一阶段的行动中引以为戒。

第三章 平静度过心灵低谷

消极的观念能把人积极的心态吞噬掉。对于成大事而言，拒绝让消极的观念入侵大脑，是正确面对人生、赢取事业发展的重要一个方面。

接受内心的自己

在我的人生经历中，曾经发生过这样一个故事，至今还对我有着深刻的影响：

在我大学刚刚毕业的那一年，我的老家有一位靠卖画为生的画师。有一天，我们到村子里的集市上去买蔬菜，正好，我碰到了这位画师正摆上了一些字画，试图在这个集市上把字画卖掉，好换些粮油等拿回家。我看到这里，不由得用眼瞅了瞅画师的画，画师的画的确不错，我就在心里想，这应该价值不菲吧!我好奇地留下来看看到底有没有人买。当我正想到这里的时候，过来了一位看上去像教师的人，他问画师:“请问这幅画多少钱?”画师回答道:“20元。”然后，那位教师和画师讨还了一下价钱，最后双方成交了，那位教师花了10元钱把画买走了。看到这里我过去问画师:“你为什么这么便宜就把这么昂贵的画卖给他了呢?”画师微微一笑说:“在这里，再好的东西也卖不上好价钱的，人们看到我的画，只是在心里想:这幅画很好，但对我们没有太大的意义，我只是买回家做些装饰罢了。所以他们开的价钱不会太高，我也不能要价太贵，如果太贵了，就不会有人买了!”画师讲到这里，我还是不明白其中的意思。画师看我这样，笑了笑说:“我明天让你陪我卖画吧!”我看画师这么诚恳，就答应了。

第二天，我与画师到了市里的集市上，我和画师刚把画摆好，就过来了一位购画者，他对画师说：“你的画值多少钱?”画师回答说:“500元。”这位有钱人听画师如此说，非常高兴，然后从口袋里掏出钱来说:“真没想到，这么货真价实，我们新家装上这幅画，应该是另一种生活景象了。”见此情景，我对画师说:“这太好了，看来我们的要价太低了，如果再要高一些，他也乐意出。”画师笑了笑说:“现在我们把画摊搬到古籍市场上去吧，看看情况如何。”接着，我们就去古籍市场。在哪儿，我简直不敢相信自己的眼睛，竟然有人乐意出2000元钱来购买画师的画，但画师还不愿意卖，他继续抬高字画价钱，他们出到1万元。但是画师说：“我不打算卖掉它。”他们说：“我们出2万元，甚至3万元，只要你卖!”画师说：“低了，我不能卖，我要5万元。”我真的不能相信，我在心里想：“难道画师疯了，昨天才10元钱，现在就要5万元!”最后，画师以5万元钱卖掉了他手中的画。

在回家的路上，我百思不得其解地问画师：“为什么同样的字画，你却卖了三个价钱呢?”画师对我说：“我想你现在应该明白一个道理，当我把画摆在不同的位置上时，他的价钱是不一样的。如果把这个原理用在做人上来讲，我想你应该明白了，我们应该要找到培养和锻炼自我价值的地方。就像我卖的画一样，如果在家乡的蔬菜市场，我们只能值最低的价钱，如果我们生活在最能施展我们能力的地方，我们就会有更高的价值。所以说，你要了解你的价值，只有这样，你的人生才会是辉煌的。”

看到这里，我想问大家：“你了解自己的价值吗?”不要在蔬菜市场上寻找你的价值，为了卖个好价，你必须让人把你当成宝石看待，关键是首先你自己要把自己当作宝石。大诗人李白的诗句说得好：“天生我才必有用，千金散尽还复来。”虽然从小他的文采便崭露头角，但他的人生却充满了坎坷与怀才不遇，可他坚信自己是个天才，总有一天世界会发现他的价值。事实上，在他之后的世世代代一直有无数的人对他顶礼膜拜，认为他真的是个天才，他留下的诗篇影响了一代又一代世人。

无论你是谁，无论你身上有什么样的缺点和缺陷，你都要学会勇敢地面对，因为你只有让自己接受你自己，才能让别人接受你。如果你是一个让自己都讨厌的人，那又怎么会赢得别人的喜欢呢？一个人的行动总会反映一个人的思想，如果他从思想上就拒绝自己，那么反映在行动上就会自暴自弃。一个自暴自弃的人，可能会赢得别人的同情，但不会赢得别人的喜欢。无论如何，你都要学会接受自己、喜欢自己，它带给你不仅仅是自信，还有面对生活的勇气，以及做人的乐趣。

当年，幼小的贝多芬学拉小提琴的时候，他的老师断定他绝不是个当作曲家的材料。因为他不仅技术不高明，而且宁可拉他自己做的曲子，也不肯做技巧上的改善。

发表《进化论》的达尔文当年学习的是医学，但是后来他决定放弃行医，因此他遭到父亲的斥责："你放着正经事不干，整天只管打猎、捉狗捉耗子，这有什么用处啊?"达尔文在自传上透露："小时候，所有的老师和长辈都认为我资质平庸，将来不会有什么作为。"

爱因斯坦生来也不是科学家的料，他4岁才会说话，7岁才会认字。老师给他的评语是:"反应迟钝，不合群，满脑袋不切实际的幻想。"他曾遭到退学的命运。

但结果是，上面这三位小时候被认为毫无前途的孩子后来都成就了一番伟业。许多时候我们觉得自己很渺小，天生是个没用的人，没有任何引以为豪的禀赋和能力，甚至一度以为这一生都会永远黯淡

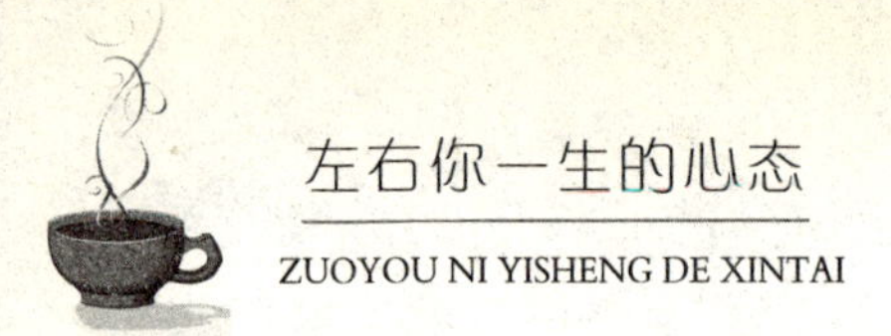

下去。其实，这些只是我们自己偏激的见解，试想，如果我们注定一无是处的话，那么聪明的上帝为何要把我们带到这个世上来呢？上帝既然允许我们来这繁华的世界走一遭，那么就一定有他的道理，而我们也一定有自己存在的价值和意义。所以，永远都要相信自己是最棒的，无论外界给予什么样的抨击和否认，都要坚信自己的价值。

荷兰画家林·布兰特的一幅油画的售价，曾超过了百万美元，对此有人会问："到底是什么原因使他的画这么值钱呢？"你可能会这样回答："因为他是个天才啊，这种天才每几百年才会出一个啊。"

而我们要说的是，有史以来，亿万人曾经生活在这个地球上，但从没有过第二个你，你是一个独特性和惟一性相结合的生物，这些特性赋予了你极大的价值，你应该知道，即使林·布兰特是天才，但他也只是个人而已。

要知道，上帝创造了林·布兰特，也同时创造了你，在上帝眼里，你和他是一样珍贵的。所以我们一定要肯定自己的价值。

李开复在《做最好的自己》一书中讲述了这样一个故事：一个女子叫黄美廉，由于小时候换上了脑性麻痹症，因此身体上造成了某些缺陷，手足经常乱动，眯着眼睛，张着嘴，语言模糊不清，样子十分怪异。但是，她没有被自身的缺陷打垮，而是凭着常人难有的意志，坚持学习，并考上了美国著名的加州大学，最后获得了博士学位。黄美廉的事迹激励并感动了许多美国人。一次，她受邀到某地演讲。当时，一个不谙世故的中学生竟然问道："黄博士，你从小就长成这个样子，请问你怎么看自己？"当时的会场立刻出现了骚动。人们责怪这位中学生的不敬，但没有想到黄美廉却坦然地在黑板上写道："一、我好可爱；二、我的腿很长很美；……"正是因为她"只看我所拥有的，而不看我所没有的”，因此，才能接受自己，并取得令人羡慕的成绩。

每个人都有不足，对于这些我们自然应当尽自己最大的努力去弥补。这时，缺点和缺陷就成为我们完善自我的一种能力。如果你只把目光集中在自己“所没有的”而不去改善、争取的话，它就会成为我们前进途中的一种障碍。或许，就算经过我们的努力，也没有办法改变某些事实，此时，就要学会坦然面对，就像黄美廉博士那样，没有办法改变先天的一些缺陷，但可以改变自己的心态。如果你让自己陷入自卑之中，那么就没有办法挽救自己的。

在NBA的夏洛特黄蜂队里，有一个非常了不起的人物——博格士，正是由于他的存在，使得很多人都喜欢看夏洛特黄蜂队打球。

据相关资料说，在现在的NBA里，博格士是最矮的球员，也是NBA有史以来破纪录的矮子，他的身高只有1.6米。但这个矮子可不简单，他是NBA表现最杰出、失误最少的后卫之一，不仅控球一流，远投精准，甚至面对高个队员带球上篮时也毫无畏惧。但是，不管他如何出众，人们还是忘记不了他是NBA有史以来身高最低的球员。

每次看博格士满场飞奔，像一只小黄蜂一样灵敏，他的球迷们都会在心里忍不住赞叹。他们对他的肯定，不仅安慰了天下身材矮小却酷爱篮球者的心灵，同时也鼓舞了其他众多相貌平平的人士。

博格士是如何成功的呢?难道他是一个天生的好球手?当然不是，他所取得的一切，都是他顽强努力和勤奋苦练的结果。

身材特别矮小的博格士从小就非常热爱篮球，他每天都和同伴在篮球场上打球。在没有进入NBA之前，他就梦想有一天可以去打NBA，因为NBA的球员不但待遇奇高，而且也享有很高的社会地位，是所有爱打篮球的美国少年最向往的梦。

但是，博格士的梦却遭受了很多打击，每次当博格士告诉他的同伴说：“我长大后要去打NBA。”所有听到他的话的人都忍不住哈哈大笑，他们觉得这简直比发现外星人还令他们奇怪。因为他们认定一个1.6米的矮子是绝不可能进NBA的。

但是，同伴们的嘲笑并没有阻断博格士的志向，他坚信自己的身高不会影响打蓝球的成功，他更不相信他就是上帝创作的劣质品，他认为自己应该是个天才。如果自己能够用比一般高个子多几倍的时间练球，终究会成为全能的篮球运动员，也会成为最佳的控球后卫。就这样，经过他的勤奋苦练，他最终成为了出色的球员。在球场上，他充分利用自己矮小的优势——行动灵活迅速，像一颗子弹一样；运球的重心最低，失误也最少；个子小不引人注意，抄球常常得手。

由此可以看出，在人生的舞台上，每个人都有自己的价值，关键在于你如何去挖掘它，关键在于你是否发现了自己的价值，你是否肯定自己的价值。

一个人，只有从内心接受自己，那么他的行动才会积极，态度才会乐观。有时候，我们可能会感到失落，那是一种正常情绪，但是千万不要将其发展为自卑，好多人之所以会自暴自弃就是因为他们心里有很深的自卑感。当然，世界上没有完美的事物，我们每个人身上多多少少总会有些缺点，而这也就成了导致我们自卑的原因。自卑是一种内心的感觉，原因往往是我们对自己的轻视。我们的周围到处都有这样的人，其实只要你不小看自己，是没有人会小看你的。因此，不要让自己再生活在自卑中，要知道人无完人，每个人身上都有缺点，正是这些缺点让我们能不断地改变自己，生命才变得有意义。

人生最大的难题莫过于肯定你自己的价值。许多人谈论某位企业家、某位世界冠军、某位电影明星时，总是赞不绝口，可是一联系到自己，便一声长叹："我不是成才的料!"他们认为自己没有出息，不会有出人头地的机会，理由是："生来比别人笨"、"没有高级文凭"、"缺乏可依赖的社会关系"、"没有好的运气"，等等。其实这些都不是最主要的，要获得成功首先必须坚信"天生我才必有用"。要知道，我们每个人都是上帝创造的独一无二的生命体，这个生命体本身就是一个奇迹，它生来就被赋予了巨大的潜能。只要我们正视自己，把握命运，善于挖掘自身的潜能，不依生命外在的东西束缚自己的命运，变不幸为财富，视缺陷为动力，不自卑，不困惑，那么我们每个人都是一个奇迹!

英雄不怕出身低

生活中有很多人会将自己的不幸归结于命运不济，认为自己就是命运的弃儿。可是，那么多从不幸走向成功的人，他们中有几个曾经所处的环境比你现在的环境更好？那他们经历过的种种磨难与不幸与你的所遭遇的困境相较，你是不是更应该反省自己的态度？改变那些消极的思想，做一个乐观向上的人？

那么，到底具备什么样的素质才能成功呢？陈安之说：“一般人经常有的恐惧，就是害怕被拒绝，害怕失败，为什么害怕，因为觉得自己不够好，因为他不够喜欢自己。如果让你喜欢你自己，你必须反复地念着：‘我喜欢我自己，我喜欢我自己，我喜欢我自己，我是最棒的，我是最棒的！’”其实，成功是一种结果，真正的原因在于成功人士的想法。一个人之所以会成功，是因为他的思想与别人不一样，如此而已。

我出身于一个地地道道的农民之家，“农民”两个字似乎千百年来就被注定了命运是低贱和贫穷的代名词。记得小时候，妈妈总对我说：“你是在棉花地里长大的孩子。”因为无人看管，妈妈只好把我带到田地里去，让我自己在那里任由飞虫的叮咬和孤寂的折磨，因而我常羡慕那些吃公家饭的非农之家，因而常抱怨父母为什么天生就是农民的命，为什么年复一年、日复一日地在庄稼地里受尽风吹日晒，却不能像城里人那样吃好的用好的，比一比，总感觉矮人三分。

而和父母年龄差不多的邻居大叔却是个大干部，据说是什么局里的一把手，他40多岁，长得白白胖胖，一点都不像我那满脸沧桑的父母。每次跟父母去田里干活经过他家大门口时，总闻到一股葱花炝锅的香味，也总见他一家人吃着金黄金黄的葱花饼，还有农村人很少见过的挂面。那挂面跟我们平时吃的面不一样，一根根清清亮亮，煮出来利利索索，捞出面，汤还是清的。而我们家吃的面却是娘用擀面杖擀出的汤面，烂糊糊的，拖“泥”带水。暑假里，每次挎着草筐，头顶烈日，去地里割草时，常见大叔在胡同的阴凉处坐一马扎，手里摇着八角蒲扇，脚上穿着干净的“踢拉板儿”，地上放着一杯茶。他儿子在他身边玩弹球，有时候见我去割草，也要跟我去地里玩，大叔总是一瞪眼：“在家老实呆着，去地里想要热死啊！”我和他儿子差不多大，我需要到地里去干活儿，而他儿子却为什么不用？这时候，十几岁的我心灵深处萌生的不仅仅是一种羡慕，也开始思考投胎和命运，也许这就是命啊！

稍大一点的时候，父亲去世了，我更成了一个名副其实的农民——我与土地打交道的机会更多了，收麦、播种、施肥，差不多都需要我的帮忙了，那时我才13岁，力气还不够提起半桶水，可我已被当个大人使唤了：我往屋里搬麦子，提一桶猪食去喂猪；在大雨中给玉米施化肥，脸被长长的玉米叶子划出一道道血痕……而这些事都是和我同龄的女孩很少做的，这些苦都是先前从不曾吃过的，而那时我必须一边紧张地求学一边照顾家务。很多个星期天，伙伴来找我玩的时候，我却不得不无奈地看着他们走出家门，心中无限怅然，自卑无比。

于是，每当这个时候，我就会想：“谁让自己没有父亲了呢，如果父亲在，我就不用总是干活了。”甚至我还埋怨上天的不公平，把我降生在这样一个苦难的家庭。

直到现在我成了都市里一名坐在写字楼里工作的白领，有着一份稳定的工作而不必像父辈那样在土里刨食的时候，我才彻底明白：出身是无法选择的，关键是你如何对待，虽然以前我比别人多吃了些生活的苦，但在那种艰苦的环境里，我却练就了一种坚强和勇敢——比同龄人多出更多的责任感和自信心。而当时那些比我出身好的非农子弟，却没能走出面朝黄土背朝天的命运。

因为出身贫苦，便不能像富家子弟那样游手好闲，挥霍浪费；便不能凡事任凭自己胡作非为；便在生命中更多了一份责任，多了一份努力。

因此，我感谢自己的出身。农民身份的父母一生勤俭清贫、含辛茹苦地养育了我，是父母粗大而满是厚茧的双手为我支撑起一片天，给了我一个温馨的家。我永远忘不了夜半三更母亲油灯下纺线织布的身影，永远忘不了父亲从田地归来那满身泥土的衣衫，永远忘不了烈日炎炎下父母滚烫的汗水、疲惫的身躯，忘不了许多许多……家没有给我更多的安逸和舒适，却给了我更多的激励和奋进，给了我农民身上那种朴实、勤劳、真诚的品质，让我的一生受用不尽。回首往事，一点一滴都有所受益，尽管偶尔有些人生失意，但比起当时优越于我的非农子弟来，已绝无半点自卑之感。是农民的出身给了我刚毅，给了我不屈，给了我吃苦耐劳的品质，给了我坚忍不拔的精神，这种品质和精神激励着我、鼓舞着我，让我时时不忘记自己是个农民的孩子。

出身影响命运，但不决定命运。所以任何时候，都不要嫌弃自己的出身，出身是别人给的，而命运需要自己争取。最关键的不是出身，而是你自己。

事实上，无数历史上成功的伟人都证实了贫穷的出身对他们一生的正面影响。美国历史上第一位荣获普利策新闻奖的黑人记者伊尔·布拉格就是一个典型的例证。他勇敢勤奋，功绩卓越，创造了美国新闻史上的一个奇迹。他在回忆自己的童年生活时说："小时候我们家很穷，父母都靠卖苦力维持家用。那时，我父亲是一名水手，收入微薄。很长一段时间，我都一直认为，像我们这样出身卑微的黑人是不可能有什么出息的，也许一生只会像父亲所工作的船只一样，漂泊不定。"

但是，伊尔·布拉格并没有屈服于自己的命运。在他9岁那年，他的命运发生了转变。有一天，父亲带他去参观梵高的故居时，他被梵高的生活震惊了。当他站在那张著名的嘎吱作响的小木床和那双龟裂的皮鞋面前，他好奇地问父亲："梵高不是世界上最著名的大画家吗?他难道不是百万富翁?"父亲回答他说："梵高的确是世界上最著名的画家，同时，他也是一个和我们一样的穷人，而且是一个连妻子都娶不上的穷人。"

在伊尔·布拉格稍稍大了一点的时候，他和父亲又去了丹麦。当他站在童话大师安徒生墙壁斑驳的故居前时，他又困惑地问父亲："安徒生不是生活在皇宫里吗?可是，这里的房子却这样破旧。"父亲回答道："安徒生是个砖匠的儿子，他生前就住在这栋残破的阁楼里。皇宫只在他的童话里才会出现。"

就这样，伊尔·布拉格由于受梵高故居和童话大师安徒生故居的影响，他的人生观开始完全改变。从那以后，他不再认为自己是一个穷人家的孩子而自卑，他不再以为只有出身好的人才会做出一番成就。他说：“我庆幸有位好父亲，他让我认识了梵高和安徒生，而这两位伟大的艺术家又告诉我，人能否成功与出身和贫富贵贱毫无关系。”

从伊尔·布拉格的转变并取得成功的经历来看，我们不要因为受自己出身的影响，就认为自己将来不会成功，就认为我们没有展现自我的空间，就认为做什么事只能惨淡收场，就开始对自己所从事的事放弃。事实上，只要我们能够清醒地认识自我，就不会因暂时的生活窘迫而放弃了自己的梦想，就不会因其貌不扬被人歧视而低下了充满智慧的头颅。

著名传记作家莫洛亚说：“我研究过很多在事业上获得成功的人的传记资料，发现一个现象，就是不管他们的出身如何，他们都有一个共同点：永远不相信命运，永远不向命运低头。在对命运的控制上，他们的力量比命运控制他们的力量更强大，使得命运之神不得不向他们低头!”

“英雄不怕出身低”，许多名人、成功人士并不是从一出生就功成名就，只不过他们的力量更强大，使得命运之神不得不向他们低头!”

我们每个人都是非常珍贵的，都是独立的、特别的。如果我们连自己都看不起自己，都不爱惜自己，不关心自己，那么，我们还奢望谁能相信我们，爱惜我们，关心我们呢！我们应该知道，谈到成功，那是我们共同的目标，我们无论是健康的身体、超人的智慧、巨大的财富、美满的家庭，还是良好的人际关系，都是成功的一种体现。可是现实生活中，成功好像离我们太远了，它不仅躲着我们，还处处刁难我们，即使已经成功在望，最后也有可能擦肩而过。于是，有人开始抱怨自己生不逢时，有人哀叹自己运气不佳，也有人觉得自己生来就不如别人，干脆随波逐流，甘于平庸。

来自哈佛大学的一个研究发现，一个人的成功85%取决于他在顺境或逆境中是否能保持坚定不移的信念，而只有15%取决于他的智力和其他因素。

“人生伟业的建立，不在能知，乃在能行”，“行”乃是扭转人生最有力的武器。只要我们立即行动，成功就会很快到来，但不同的行动会产生不同的结果，从不同的结果中又会产生新的行动，把我们带向不同的方向，也正是这样的循环不息，才使我们有了不同的人生。这就是为什么那些成大事者能够脱颖而出的原因，这些人不但具备了行动力，他们还有着不同于一般人的行动方式，从而使自己与众不同。既然人生如此，我们还能奢望什么呢？我们只要坚定信念，相信自己一定能成功，学会将那些不好的遭遇转化为激励我们前进的动力，那么，相信在我们坚持不懈过后，一定能收获令自己满意的结果。

要有永不放弃的“痴心”

有人曾经说：“越是有本领的人，脸皮越是比平常人要‘厚’。”这里所说的“脸皮厚”就是说一个人在做事时有一颗“痴心”。痴心的人，虽然被“聪明”的人所轻视，但这却是每个想要成功的人不得不具备的一项修炼。一个人缺乏痴心，心眼又小，是那种做事前怕狼后怕虎的人，在遭遇人生的挫折和失败的时候，他总不能勇往直前、百折不挠地去争取属于自己的成功。

因此，一个人要想成功的话，除了要有智能、胆识，还要拥有另外一种心理素质——执着，要有不怕碰钉子、不怕撞南墙的“痴心”。

有一个腿瘸的大学生，去应聘一家企业。结果经理告诉她，她来晚了，招聘工作已结束了。

其实经理这样说，只是一种推辞。因为她残疾，经理根本没看上她。按常理来说，事情到了这种地步，一般人会选择放弃，然而这位大学生却不。她三天两头地去公司找经理软磨硬泡，一遍遍地介绍自己，诚挚地表示愿意为企业效力。但经理懒得理她，甚至多次轰她出去，还告诉门口的保安不准放她进来。

这家企业大门她是进不去了，她换了另外一种“求职”的方式：隔三差五地给经理打手机或者发短信，尤其是周末或者是节日，她总是少不了献上一个慰问电话或一条祝福的短信。

起初经理烦得要命，见是她的电话要么不接，要么就骂上一句。

但这位大学生，面对如此的经理还总是语气温馨有加。时间长了，毕竟人心都是肉长的，渐渐地经理对她的态度温和起来了，偶尔地还和她聊上一句半句的。半年后，经理终于被她的这种不放弃的精神感动了，这位大学生如愿以偿地在这家企业干上了人事工作。再后来由于成绩斐然，她还被提升为人事部的经理。

活在当下，天上不可能掉下馅饼，你不主动走出去寻找机会，不主动去和人沟通，那你永远也不可能有成功。我们对自己要有信心，对认准的目标怀着必胜的决心，主动积极地争取有一颗不放弃的痴心。活在当下，那么怎样才能使自己有一颗不放弃的痴心呢？

第一，要胆大。对自己的能力、亲和力等有信心，一定要时刻告诉自己：我是有实力的，我是有优势的，我是有能力的，我的形象是让人信赖的，我是个专家，我是个人物，我是最棒的。在做一件事之前应有充足的准备工作。记住，做事时你要像和你心仪的女孩子第一次约会，一定要注意检查好自己：必备的东西是否备齐？自已的形象是不是无可挑剔了？走起路来是不是挺胸抬头？自己表情是否很放松等等。你不是在劣势，你和对手是平等的。这也正如当下很多人追求心仪的女人，你并不是去求她给你恩赐，而是让她不错过一个能让她幸福的男人；同样，我们面对对手，一定要有这种平衡的心态：对手是重要的，我是同等重要的。同样，在事业上，如果两者能合作，对手会为我们带来业绩，而我们也会给对方带来创造财富的机遇。

第二，心细。这就要求我们善于察言观色，投其所好。我们面对一位对手，对手最关心的是什么？对手最担心的是什么？对手最满意的是什么？对手最忌讳的是什么？只有你在他的言谈举止中捕捉到这些，你的谈话才能有的放矢，你做事才能事半功倍。否则肯定是瞎

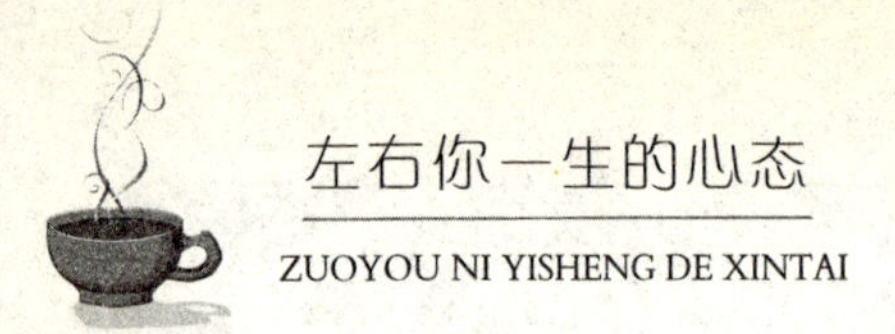

折腾，使目标成为“水中月，镜中花”。那么，做人怎样才做到心“细”呢?

1.在学习中进步。只有具有广博的知识，你才会具有敏锐地思想。对一件事的背景、对自己的专业知识更是要熟知。

2.在会谈中要注视对方的眼睛。注视对方的眼睛，一则显示你的自信，二则“眼睛是心灵的窗户”，你可以透过他的眼神发现他没用语言表达出来的“内涵”，一个人的眼睛是无法骗人的。

3.学会倾听。除了正确简洁地表达自己的观点外，更重要的是要学会多听。听，不是敷衍，而是发自内心的意会，交流那种不可言传的默契。

三. 痴心不改。有自尊的痴心实际上是优秀的心理素质的代名词，它要求做事时是全身心地投入。还要求正确认识挫折和失败，有不折不挠的勇气。我们在工作当中，会有很多次失败，但你一定要有耐心，你要相信所有的失败都是为你以后的成功做准备。这个世界有一千条路，但却只有一条能到达终点。你运气好，可能走第一条就成功了，如果运气不好，你可能要尝试很多次，但记住：你每走错一条路，就离成功近了一条路。谁笑到最后，谁才会是赢家。为什么这个世上有成功者也有失败者，原因很简单：成功者比失败者是痴着心在他人的嘲笑中多坚持了一步。

心怎样才能“痴”起来呢?

1.永远对自己保持信心。不能够成功的事，并不是自己的能力问题，而是时机不成熟。

2.要有必胜的决心。虽然失败了很多次，但你一定要认为最终会成功。

3.要不断地总结自己的成功之处，不断地挖掘自己的优点。

4.要正确认识失败：失败是成功之母。

5.要多体味成功后的成就感，这将不断激起你征服的欲望。与天斗，其乐无穷；与地斗，其乐无穷；与人斗，其乐无穷。

活在当下，要把每次与人的争斗，当作是你用人格和胆识征服一个人的机会。只要你将“胆大、心细、心痴”六字真经发挥得恰到好处，相信在情场上你是个得意者，在商场上你是个成功者。一个人要想真正的成功，就要付出所谓别人看来的痴心。对事没有了痴心，胜利永远也不会向你招手的，谁的“心痴”，谁离胜利就是最近的。

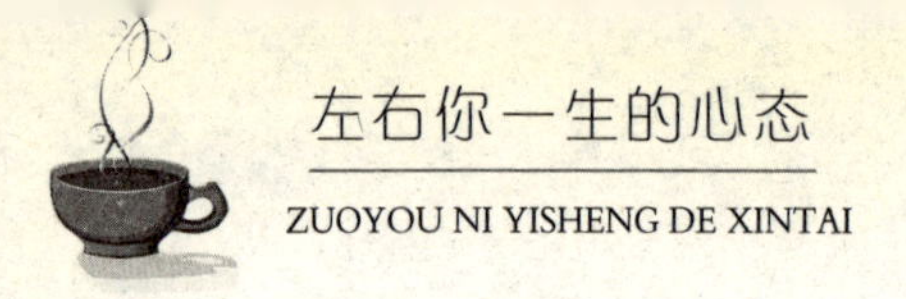

黎明就在前面等你

身处逆境中的人，只要有一种精神的存在或一种精神的寄托，就会使他爆发出无穷的力量，从而让自己渡过难关。很多时候，我们缺少的就是那么一点点的精神动力。

大文豪巴尔扎克说过：“世界上的事情永远不是绝对的，结果完全因人而异；苦难对于天才是一块垫脚石……对于能干的人是一笔财富，对弱者是一个万丈深渊。”

在古希腊的一场战争中，一位将军带着他的残兵败将漂流在大海上。他们已经几天几夜没有吃东西。前方雾气茫茫，看不到任何陆地。人们的精神几乎要崩溃了。这样下去，他们只会葬身于这茫茫的大海之中。

他们不能在这里等死，必须想办法拯救自己。这时，将军发现甲板上有一只空瓶，于是便把它捡了起来，然后写了一封求救信塞了进去，希望这只瓶子可以带着它漂到祖国。这是他们惟一的希望，他们目送着那只瓶子在海水中渐行渐远。

这时，人群中有人绝望地说道：“不可能的，那里离这里太远了，瓶子根本就不可能会漂到我们国家的。”于是，刚刚在人们心头生起的希望，又暗淡了下去。绝望，重新吞噬着每一个心灵。

只见将军斩钉截铁地说：“请相信我，那只瓶子一定会漂回我们的国家。我们都是希腊的勇士，只应该牺牲在战场上，而不是这茫茫的海里。”

他们就是靠着这仅存的一点希望而存活着。几天后，一艘商船路过时捞到了那只瓶子，于是逆着洋流的方向驶来，终于发现了这些气息奄奄的将士，将他们救上了岸。

没有人喜欢挫折，但是也没有人可以拒绝挫折。但是，经过生活的种种磨练，不同的人却有着不同的结果。有的人如同烈火中的凤凰，在灰烬中得到重生；而有的人却把它当成地狱，并就此沉沦下去。

有一个非常失意的人到庙里去拜见禅师，他痛苦地对禅师说："别人有痛苦，可也有快乐，别人有离散，可也有团聚，别人有失去，可也有得到的时候，别人有失意，可也有得到的时机……可我呢？"他沉重地叹了一口气说："我整天沉浸在痛苦、失意、悲愁之中，就像在漫长的黑夜中而看不到一丝曙光，大师，我活着还有什么意义呢？"

老禅师听了，微微沉吟了一下，指着墙外光芒四射的太阳问："年轻人，你知道白天为什么这么明亮吗？"

年轻人回答说："这怎么能不知道呢？是因为有太阳呀。"禅师说："有几个太阳呢？"

年轻人不解地说："自古就是只有一颗太阳呀。"禅师若有所思地笑笑。

两人在禅房里一直坐到暮霭四沉，星星一颗一颗出来时，禅师微笑着对年轻人说："施主，请到外面赏月叙话吧。"两人走到院外，早有小和尚搬来了茶桌、木椅，禅师招呼年轻人坐下说："现在夜幕四合，太阳已经沉进西山里去了，你看夜色多美丽！"年轻人忧伤地说："夜色再美，又如何能同白天相比呢？白天仰头可看云舒云卷，举目可望田野山川，低首可赏虫鸣花香，而这夜色里，我们谁又能看到什么呢？”

禅师笑笑说：“白天红尘攘攘，而夜晚却静寂而清爽，你听耳边这徐徐的晚风，你听山上那树叶的轻语，再晚的时候，你还可以卧床凭窗谛听滴露，也可披衣扶栏赏月，夜色有什么不好呢？”见年轻人低头不语，禅师说：“白天你只能看见一个太阳，而夜晚你却可以看到许多星星啊！”

年轻人听了，慢慢地仰起头来，只见繁星满天，浩瀚的夜空里，闪烁着一颗一颗银钉似的星星，那星星一眨一眨的，像许许多多静静望着自己的眼睛，老禅师望一眼正深深沉醉在繁星里的年轻人问：“年轻人，你能数得清天上的星星吗？”

年轻人摇摇头说：“那么多的星斗，谁能数得清呢？”禅师又笑着问：“那你能数得清天上的太阳吗？”

年轻人说：“只有一个太阳，这连傻瓜都能数得清的。”禅师笑了笑说：“是啊，一个人的命运虽然没有白天只有黑夜，他失去了一个太阳，但他可以拥有数也数不清的满天星斗啊！”

年轻人听了一怔，又若有所思地想了想，终于笑了说：“大师，我明白了。”

命运里虽然缺少阳光，但我们不必为此而沮丧和绝望，因为，我们至少还拥有许许多多像银钉一样闪闪发光的星斗。

黑夜不仅仅是黑暗，黑夜也有黑夜的亮点。因为黑夜没有白天的喧嚣，黑夜让你更清醒，更平静，更理智。既然面对着没有白天这个现实，我们何不趁黑夜披星戴月地前进呢。只有努力地向前走，在拼搏奋进的同时，黎明就会在前面等待着你。

保持积极的心态

在《战地春梦》这本有关第二次世界大战的著名小说里，海明威说：“世界击倒每一个人。之后，许多人在心碎之处坚强起来。”

在成长的路途中，压力与挫折是考验每个人的终生课题。我们每个人都应该找到属于自己的排解方式，既不能逃避现实，也不能总是躲在阴暗的角落里自怨自艾。柏拉图说过：“人类没有一件事是值得烦恼的。当克服一次挫折之后，你便提升了一次自我。”富兰克林也说过：“令人受伤的事会教育我们。”

有人说，人们最痛苦之后得到的那些教训，才是最有价值的教训。如果没有巨石的阻挡，就不会激出美丽的浪花。一个人，只有经历过重重磨难，才能最终修成正果。

但是，每个人对待挫折的态度却不同。有些人似乎天生就会运用失败与挫折的创痛，将其转变为自己前进的动力。而有的人却缺乏这种能力，只能让自己一步步地沉沦下去。无论遇到什么样的环境，如果你可以调整好自己的心态，那么就可以从容地应对。

态度就如同一块磁铁，不论我们的思想是正面或负面，都会受到它的牵引。美国心理学家威廉·詹姆斯说过：“我们时代成就了一个最伟大的发现：人类可以藉着改变他们的态度，进而改变自己的人生！”

同样的事物在心态积极的人和消极的人的眼里，却是不一样的。心态积极的人敢于奋斗，心态消极的人则遇事畏缩，不敢向前，于是境况就会完全两样。

由此可以看出，一个人的心态决定了他后来的成败。如果你的心态总是充满激情，那你做什么都会充满力量。一个没有激情的人是不能够始终如一、高质量地完成自己的工作的，更不要说能做出令人骄傲的成绩来。所以，作为员工，不要满足于一般的工作表现，要做最好的，你才能成为不可或缺的人物。同时，别人就能在你的工作中感受和体验到你的人格魅力。

令人略感宽慰的是：这两种心态的力量都不会主动爆发，必须随人的主观愿望来实施。因此，克服消极心态是可能的。办法很简单，就是永远把心态这枚硬币的正面翻出来，激励自己去争取成功。

人，之所以伟大，就是因为他可以通过控制自己的思想进而来改变行动，从而控制自己的命运。就像我们没有办法来决定生命的长度，但却可以控制它的宽度；不能左右天气，但却可以改变心情；不能改变容貌，但却可以展现笑容；不能控制他人，但可以掌控自己；不能预知明天，但却可以把握现在。

一个人，如果对待生命始终都保持一颗积极的心态，那么人生俯拾皆是机会。我们是自己的指挥官，没有人可以命令我们。愿不愿意积极地生活，完全是你的个人选择。而不同的选择，也决定了你会有一个不同的人生。

那些具有消极心态的人，由于对生活缺少信心，所以行动起来也就特别缓慢。他们受消极意识的盲目驱使，对自我的意识越来越差，以至于最后完全否定自我，从而成为生活的俘虏。具有积极态度的人会不断地调整对自我的认识和评价。他们当然也会遇到挫折，但却视其为通往成功路上的一种必然，或是对自身的一次磨练。因此，行动起来也会很积极，从而很容易从困境中走出。一个人若能进入这样的境界，也就可以获得无限的平静与成就感了。

有晴空万里，就会有阴云密布。没有人可以避免情绪低落的时候，关键是看你如何调节。就像一个体弱多病的人要想得到健康的身体就一定要坚持体育锻炼一样。积极思想也需要我们在生活中不断地培养。你必须努力让自己去实施，否则就难以有效。有时，积极心态需要我们经过一段时间的锻炼、培养之后才能见成效。

不愉快的想法，总会在不经意间产生。我们不仅要学会将这些想法清除出大脑，还要学会给大脑装入积极健康的思想。

比如，你与老板吵了一架，下班后仍闷闷不乐。如果你不及时将这种情绪清除的话，就会将它带到你的私人生活中去，从而对你的家人以及身边的人也产生不良的影响。这时，你就需要用自己的“情绪吸尘器”及时将其清理出去。最好的办法就是转移注意力，比如做做运动，看场电影，找朋友聊聊天等。当然，这并非让我们自欺欺人。只是当你转换一下心情的时候，就会发现自己会生出好多的灵感，许多事情也会好办得多了。如果每次头脑中出现消极思想时我们都可以这样转换，那么久而久之，思维就会如我们所希望的那样做出反应，从而使自己在情绪低落时及时调整方向。

亚伯拉罕·林肯曾经说过：“人下决心想要愉快到什么程度，他大体上也会愉快到什么程度。你能够决定自己头脑中想些什么。你能控制自己的思想。”当我们可以控制自己的思想时，我们也就控制了自己的命运。

积极的人以积极的眼光看问题，往往能够取得成功，消极的人以消极的眼光看问题，还未开战就先败下阵来，哪里会有成功可言呢?

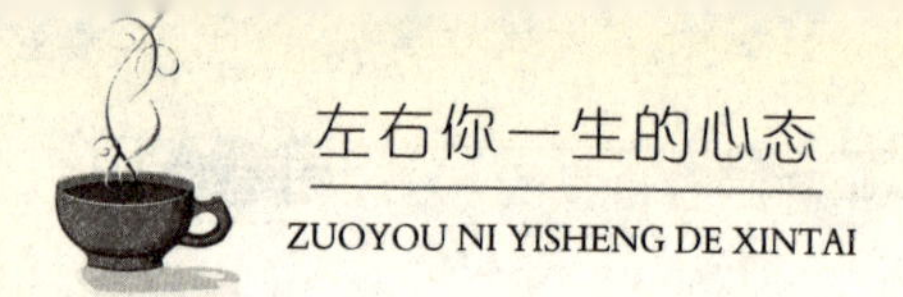

人生，就是生活。一个人能够享受到生活的快乐，就说明他的生命没有白白浪费。积极的心态可以让我们在生活中更加有力量、有勇气，因此也就可以更加有信心去克服所遇到的各种困难。就算我们没有办法改变，也可以坦然地接受，让自己更好地享受到人生的乐趣。

当然，培养积极的心态并不是一朝一夕就能做到的，但是只要你意识到了这点，愿意耕耘并培植它，那么它就会在你的生活中发挥力量，让你一步步地走向成功。

成功与失败只在一念之差

心态在一定程度上决定了人生的成败。

成功人士的首要标志，在于他的心态。一个人如果心态积极，乐观地面对人生，乐观地接受挑战和应付麻烦事，那他就成功了一半。在生活当中，大部分失败的平庸者主要是由于心态没有摆正。每当遇到困难时，他们只是挑选容易的退路去走。“我不行了，我还是退缩吧。”最终结果是陷入了失败的深渊。成功者遇到困难时，却会保持积极的心态，用“我要！我能”、“一定有办法”等积极的意念鼓励自己，于是便想尽一切办法，不断向前进，直到成功的那一天。

拿破仑·希尔曾讲过这样一个故事，对我们每个人都极有启发。

以前，有一个人得了一种怪病，他终日为疾病所苦。为了能早日痊愈，他看过了不少医生，都不见效果。他又听人说远处有一个小镇，镇上有一种包治百病的水，于是就急急忙忙赶过去，跳到水里去洗澡。但洗过澡后，他的病不但没好，反而加重了。这使他更加痛苦不堪。

有一天晚上，他在梦里梦见一个精灵向他走来，很关切地询问他：“所有的方法你都试过了吗？”

他答道：“试过了。”

“不。”精灵摇头说：“过来，我带你去洗一种你从来没有洗过的澡。”

精灵将这个人带到一个清澈的水池边对他说：“进水里泡一泡，

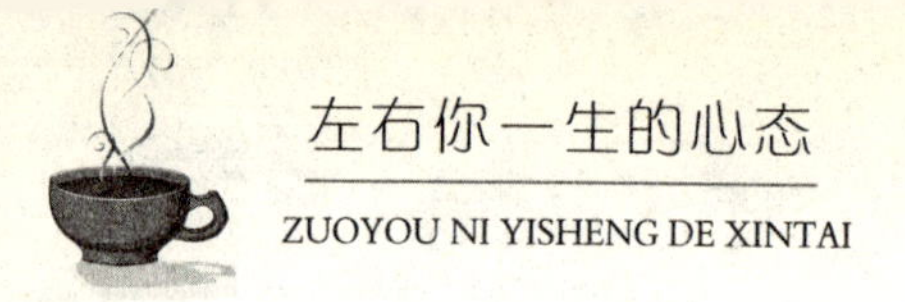

你很快就会康复。”说完，就不见了。

这病人跳进了水池，泡在水中。等他从水中出来时，所有的病竟然真的消失了。他欣喜若狂，猛地一抬头，发现水池旁的墙上写着“抛弃”两个字。

这时他也醒了，梦中的情景让他猛然醒悟：原来自己一直都没有把那些坏心情抛弃，于是才得了这样的怪病。从那以后他不再消极，没过多久，他的身体也康复了。

积极向上的心态是成功者最基本的要素，是改变你命运的钥匙。当你认识到你自己的积极心态的那一天，也就是你遇到最重要的人的那一天；而这个世界上最重要的人就是你！积极的心态必须是正确的心态。忠诚、仁爱、正直、希望、乐观、勇敢、创造、慷慨、容忍、机智、亲切和高度的通情达理是拥有积极心态的人共有的特征。具有积极心态的人，总是怀着较高的目标，并不断奋斗，以达到自己的目标。消极的心态则具有与积极的心态相反的特点。如果说，积极是人类最大的法宝，那么，消极就是人类致命的弱点。如果不能克服这一致命的弱点，你将失去希望，悲伤、寂寞、烦躁、颓废、痛苦将长伴你左右，到那时你的世界也会因此毁灭。

所以说，一个人能否成功，关键在于他的心态有没有摆正。成功人士之所以成功，就在于他有一种积极乐观的心态，而失败人士则运用消极的心态去面对人生。成功人士一直都用积极的思考、乐观的精神和百折不挠的行动支配和控制自己的人生。一些失败的人士是受过去的失败与疑虑所引导和支配的，他们常有的空虚、猥琐、悲观失望、消极颓废的心态，最终使他们走向了失败的道路。所以，纳粹德国某集中营的一位幸存者维克托·弗兰克尔说：“无论在何种环境下，人们都还有一种自由，就是来选择自己的态度。”因此，我们可以这样认为，影响我们人生的绝不仅仅是环境，心态控制了个人的行动和思想。同时，心态也决定了自己的视野、事业和成就。仔细观察、比较一下成功者与失败者的心态，尤其是关键时刻的心态，我们将发现“心态”会导致人生惊人的不同。

成功学大事卡耐基曾讲过一个故事：“塞尔玛陪伴丈夫驻扎在一个沙漠的陆军基地里，她丈夫奉命到沙漠里去演戏，她一个人留在陆军的小铁皮房子里，天气热的受不了——在仙人掌的阴影下也是华氏125度。她没有朋友可以聊天，只有墨西哥人和印第安人，而他们不会说英语。她太难过了，就写信给父母，她说要丢开一切回家去。她父母的回信只有两行，这两行字却永远留在她心中，完全改变了她的生活：

两个人从牢里望出去：一个看到泥土，一个却看到星星。

塞尔玛一再读这封信，觉得非常惭愧。她决定要在沙漠中找到星星。

塞尔玛开始和当地人交朋友，他们的反映使她非常惊奇，她对他们的纺织、陶器表示兴趣，他们就把最喜欢舍不得卖给观光客人的纺织品和陶器送给了她。塞尔玛研究那些引人入迷的仙人掌和各种沙漠植物，又学习有关土拨鼠的常识。她观看沙漠日落，还寻找海螺壳，这些海螺壳是几万年轻、沙漠还是海洋时留下来的……原来难以忍受的环境变成了令她兴奋、流连忘返的奇景。

沙漠没有改变，印第安人也没有改变，但是这位女士的念头改变了，心态改变了。一念之差，使她把原先认为恶劣的情况变为一生中最有意义的冒险。她为发现新世界而兴奋不已，并为此写了一本书，以《快乐城堡》为书名出版了。她从自己造的牢房里看出去，终于看到了星星。

当我们能清醒地明白成功与失败的差别在哪里的时候，消极心态就会远离我们了。只要我们找出造成消极心态的原因。就不难找出对策。有了对策，消极心态就会被我们控制，就不会影响到我们。

勇于克服逆境

人生不可能一帆风顺，当我们无法改变外在环境时，要想跨越人生中的障碍，取得某种突破，往往需要一定的勇敢，需要一定的魄力。通常，如果我们换一种思考模式，积极地转换自身的一些思想误区，就会有新的收获。

有一条河流从遥远的高山上流下来，经过了很多村庄与森林，最后它来到了沙漠。它想："我已经越过了重重的障碍，这次应该也可以越过沙漠！"

可以，当它决定越过沙漠的时候，河水却渐渐地消失在泥沙当中，它试了一次又一次，总是徒劳无功，于是它灰心了，颓丧地自言自语道："也许这就是我的命运了，我永远也到不了传说中那个浩瀚的大海。"

这时候，沙漠低沉的声音响了起来："如果微风可以跨越沙漠，那么河流也可以。"

小河流很不服气地说："那是因为微风可以飞过沙漠，可是我却不行。"

"因为你一直维持原来的状态，所以你永远无法跨越沙漠。你必须让微风带着你飞过沙漠，到达你的目的地。只要你愿意，你可以放弃你现在的样子，让自己蒸发到微风中。"沙漠继续说道。

小河流惊恐地说："放弃我现在的样子，蒸发到微风中？不！不！那不是等于自我毁灭吗？"

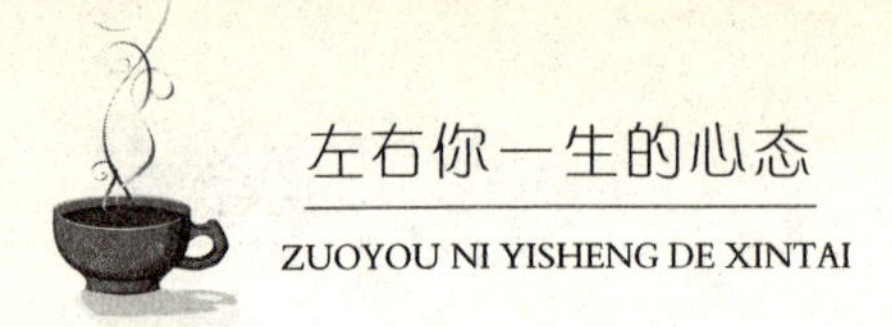

“微风可以把水汽包含在它之中，然后飘过沙漠，到了适当的地点，它就把这些水汽释放出来，于是就变成了雨水，这些雨水又会形成河流，继续向前进。”沙漠耐心地回答。

“那我还是原来的河流吗？”小河流问。

“可以说是，也可以说不是。”沙漠回答，“不管你是一条河流还是看不见的水蒸气，你的本质不会改变。你之所以坚信自己是一条河流，是因为你从来不知道自己的本质。”

此时小河流的心中，隐隐约约地想起：自己在变成河流之前，似乎也是由微风带着，飞到内陆某座高山的半山腰，然后变成雨水落下，才汇成今日的河流。于是，小河流化成水蒸气，投入到微风的怀抱之中，奔向它生命中的归宿。

这个寓言故事告诉我们，人生不可能有坦途，当我们无法改变外在环境时，要想跨越生命中的障碍，取得某种突破，往往需要一定的魄力，换一种思考模式，积极地转换自身的生存状态。

我们所生活的这个世界上，没有一丝不变的环境与事物，每个人随时随地可能都需要转换生活方式、生存环境、生存角色、生存意识。如果始终拘泥于一种思考方式、一个固定的位置，就会成为井底之蛙，看不到更广阔的空间，得不到更大的发展。

有一家公司的主管，在一次培训课上，用一幅图诠释了一个人生寓意。

他首先在黑板上画了一幅图：在一个圆圈中间站着一个人。接着，他在圆圈的里面加上了一座房子、一辆汽车、一些朋友。

主管说：“这是你的舒服区。这个圆圈里面的东西对你至关重要：你的住房、你的家庭、你的朋友，还有你的工作。在这个圆圈里头，人们会觉得自在、安全，远离危险或争端。现在，谁能告诉我，当你跨出这个圆圈后，会发生什么？”

教室里顿时鸦雀无声，一位积极的学员打破沉默：“会害怕。”

另一位说：“会出错。”

这时，主管微笑着说：“当你犯错误了，其结果是什么呢？”

最初回答问题的那名学员大声答道：“我会从中学到东西。”

主管说：“正是，你会从错误中学到东西。当你离开舒服区以后，你学到了你以前不知道的东西，你增加了自己的见识，所以你进步了。”

主管再次转向黑板，在原来那个圆圈之外画了个更大的圆圈，还加上些新的东西，如更多的朋友、一座更大的房子，等等。

“如果你老是在自己的舒服区里头打转，你就永远无法扩大你的视野，永远无法学到新的东西。只有当你跨出舒服区以后，你才能使自己人生的圆圈变大，你才能把自己塑造成一个更优秀的人。”主管说道。

人生是一个圆圈，在这个圆圈里有固定的属于自己的舒服区。如果不走出这个舒服区，人生的圆圈就只能那么大；只有勇敢地跨出自己的舒服区，才能拓展自己的人生，也才能得到更多的东西。

所以，我们无论是处于顺境，还是处于逆境，只有勇敢地去面对，积极地采取坦然和克服的心境，才能在未来的世界中立于不败之地。所以，特别是逆境来临的时候，我们要积极勇于面对，及时找到解决问题的方法，调整好自己的前进步伐。

第四章 压力与动力并存

忧虑是一种目前流行的社会通病，几乎每个人每天都花费大量的时间为未来而担忧。他们为自己、家人和社会的未来而忧虑；他们担心自己的身体生病，他们害怕别人与自己中断关系，他们担心自己所处的社会变得一团糟——不能说他们完全是“杞人忧天”，但这种行为至少也是一种毫无益处的行为。这就像席勒说的：“烦恼是一把摇椅，它可以使你有事可做，但却不会使你前进一步。”

不为明天而担忧

马克·吐温说：“我已老迈，也知道很多麻烦事，却真的很少发生过。”忧虑会给人们带来无限的烦恼，这种烦恼会由心而生，时刻都在折磨着人们，使人们无法找到快乐。在《圣经》里，耶稣对自己的信徒说：“不要为明天忧虑，因为明天有明天的忧虑。”把所有心思都放在“今天”，是正确的选择，把眼前的事做好，才是获得成功与快乐的根本。

在撒哈拉大沙漠中，生活着一种非常有趣的小动物，名字叫沙鼠。据说这种小动物的生命力非常强。每当旱季来临前，这种沙鼠都要囤积大量的草根。一只沙鼠在旱季里只需要吃 2 公斤的草根，而沙鼠通常要运回10公斤草根才踏实，否则便会焦躁不安，吱吱地叫个不停。经过研究证明，这一现象是由一代又一代沙鼠的遗传基因所决定的，是沙鼠天生的本能。曾有不少医学界的人士用沙鼠来替代白鼠做医学实验，因为沙鼠的个头很大，能更准确地反应出药物特性。但所有的医生在实践中都觉得沙鼠并不好用。其问题在于沙鼠一到笼子里，就到处找草根。尽管笼子里的沙鼠 “食无忧”，但它们还是一个个很快就死去了。医生发现，这些沙鼠的死亡是因为没有屯积到足够多草根的缘故，确切的说，它们的失望是因为内心极度的焦虑。

生活中，同样存在这样的问题；人们总是在为未来而担忧。这就导致了人们无法将全部心思放在眼前，做起事来总是不能集中精力，甚至还会莫名其妙地产生不安的心理，便使人们无法定下心来把事情做好，生活也会因此而充满烦恼。

很多人都听过“杞人忧天”的故事：

一个杞国人，在某个晴空万里的一天，突发奇想：“假如有一天，天塌下来了应该自己办呢？到时候活活的被压死，那个真是太悲惨了。”

此后，他机会每天都在为这件事而发愁，终日精神恍惚，脸色憔悴，似乎世界末日即将来临。

如今的生活中也是这样，总有些人才为一些很遥远、甚至是几乎不可能发生的事而担忧。他们会因此而变的急躁不安，整天处于忧虑当中，以至于对放生在眼前的事情都不去理睬，整个人都变得消极下来。

长期处于焦虑的状态，对身体健康也有着很大危害。一个人生了一点小病，甚至只是身体稍有些不舒服，原本是很容易康复的，可因为他怀疑自己生了重病而过度忧虑，便会导致病情的加重。有的医生在病人生了重病的时候，往往不会告诉他病情的状况，医生之所以这样做，就是因为他们怕病人得知自己的病情后，产生焦虑的心理。而焦虑的心理往往最容易使病情加重，为康复治疗带来麻烦。

二战时期，一位焦虑过度导致病情加重的士兵向医生求助，医生了解了他的情况后，对他说：“人生其实就是一个沙漏，上面虽然堆满了成千上万的沙子，但它们只能一粒粒，慢慢地通过瓶颈，任何人都没有办法让很多人的沙粒同时通过瓶颈。假设我们每个人都是一个沙漏，那些沙子就好像忧虑一样，我们必须让它们一个个地解决。”

这个沙漏的比喻是多么体贴地写照了我们的人生。人生就像一个沙漏，我们只能遵照生命的规则处理我们周围的事——不管是快乐还是忧虑，都要一点点地享受或排解，不然，我们只能乖乖地做命运的奴隶。

忧虑是有心而生的，在很多时候，使人们产生忧虑的心理往往并不是一件多么重要的事，而是一些很不起眼的小事，是人们将其无限夸大后，才使自己产生了忧虑的心理。卡耐基就曾这样说道："其实很多小忧虑也是如此，我们都夸张了那些小事的重要性，结果弄得整个人很沮丧。我们经历过生命中无数狂风暴雨和闪电的袭击，可是却让忧虑的小甲虫咬嚼，这真是人类的可悲之处。"

当然，一个人的心情总有起伏的时候，不可能永远都维持在高潮期，而且适度的心理低潮有时也能调和乐观过度的缺点。

心情是有规律可循的，心情波动总会在一定的时间段之内。所以情绪低落之时，让自己平静下来，等待一段时间，过后一切都会好起来，千万不要一天到晚都哀声叹气。

当然，有些担心也是好的，但是要适度调整。不要成天生活在担心中，惶惶而不可终日。

大诗人李白说得好："天生我材必有用"，每个人都有存在的独特价值。曾经有一个年轻人，受到了很严重的打击，他觉得自己一无是处，这个世界对他来说已经失去了生存的意义。一天傍晚，他来到了河边，准备结束自己的生命。他在冰冷的河边站了很久，就在他下定决心要跳进河里结束自己生命的时候，看到一个老太太跌跌撞撞地走来。她不停地用手中的拐杖敲打着地面，好几次险些被零乱的树枝绊倒——原来她是个盲人。这个年轻人见到老人这样，心中生出几丝怜悯，他想，或许在我死之前应该先把这位老人送回家，也许这是我能做的最后一件好事了。"需要帮忙吗？"他走上前去问这位老人。

老人听见有人同她说话，立刻高兴了起来："您好，太高兴能在这里遇见你。我迷路了，您能帮我回家吗？"年轻人问清老人的地址，便把她送回了家。一路上，老人不停地与他聊着，老人的乐观深深地感染了他。回到家后，老人向他表示了谢意，并请他进屋喝咖啡、吃糕点，但他婉言谢绝了。离开老人的家，他没有再向河边走去，他要好好地生活，因为他知道，自己的生命还是有意义的。

要想向自己宣战，首先就必须树立一种精英观念。一旦有了这种力量，信心就会增强。而且你要将这种信念深深地根植于你的思想里——你必须将自己点燃。你要让体内的激情和力量熊熊燃烧，将生命照亮。

内心若想得到成长，个性若想得到拓宽，就必须不停地接受挑战，然后你会看到自己变得更加强大、更加完美。

所以，让我们记住那句话：天下本无事，庸人自扰之。

学会走出不幸

生活中总会有这样一些人，他们会因为受到一点点挫折便整日活在忧虑当中，情绪也会因此而变的极为低落，尽管时间过了很久，可他们始终还是沉浸在因为遭遇挫折而带来的痛苦之中。这样做无非是自寻烦恼，为过去的事情而感到懊悔，或是始终活在失败的阴影下，很显然这是一个非常不明智的选择。这样做，除了给自己增添烦恼以外，不会有一点好处。

一个秀才几次名落孙山之后，就失去了以往的开朗性格，每天都生活在烦恼和忧虑之中，为了改变这种情况，他四处寻找能帮助自己解脱烦恼和忧虑的智者。

一天他经过一片田地，看见一位农夫在田里干活，并一边哼着小调。秀才走上前去对农夫说道："你看起来非常快乐，有什么原因吗？你能否教给我解脱烦恼和忧虑的方法吗？"农夫停下手中的活，看了看秀才，对他说："你和我一样在田里干活，就什么烦恼都没有了。"秀才很高兴，心想这回终于可以告别痛苦和烦恼了。于是他便和农夫一起干活。可过好一会，他觉得这似乎没有什么用，仍旧很烦恼。秀才离开了农田，继续上路了。

这天，秀才到了一座山脚下，正好看到一位白发老翁在山边的河里钓鱼，看到白发老翁深情怡然，自得其乐的样子，秀才又走了上去，对老翁说："老人家，你能教我如何解脱身上的痛苦和烦恼吗？"白发老翁对秀才说；"年轻人，和我一起钓鱼吧！保管你的烦恼和痛苦一扫而空。”秀才又试了试，可仍然没有什么效果，便又无奈的上了路。

几天以后，秀才来到了一个小小山庙里，在那里秀才看到一位老人独坐在棋盘边上下棋，老人面带满足的微笑。秀才向老人深深鞠了一个躬，对老人说明来意。老人面对微笑的看着秀才，问道：“我知道你的来意了，你希望找到一位智者帮你解脱烦恼与忧虑是吗？”秀才高兴的回答道：“正是如此，希望前辈能帮我这个忙。”

老人转过身去在棋盘上下了一颗棋子，又问秀才：“你看这棋盘上白子困住黑子了吗？”

“没有。”

“那么，有困难困住你了吗？”老人问道。

年轻人疑惑的答道：“没有。”

“既然没有人困住你，又怎么来解脱你呢？”老人说。

秀才在那儿站了良久，然后整个人仿佛都变了一样，笑着对老人说：“谢谢老人家，我懂了。”

老人的一番话使年轻人明白了一个道理：在生活中，很多烦恼都的人们自找的，所有的烦恼和忧虑都是自己把自己困住了，与别人无关。

相信，很多人都曾遭遇过类似的经历。例如，我们每天都在想自己会不会失业；会不会迟到；今天是否能将领导安排的任务做好。这样做不但会使生活从满忧虑和苦恼，精力也会因此而不能集中，那么，原本能做好的意见，往往会被自己搞砸。

担忧是最容易导致人们变得忧虑的，如果你总是为某些尚未发生的一些事情担忧，那你的生活将很难有快乐存在。退一步想，就以上面的几个例子还说，即便是真的失业了又有什么可怕的呢？我们可以再去找更好的工作。“以统计学来说，最坏和最好的情况出现的几率都是微乎其微的，同时它们的机会也大略相等，所以你不必担心。更何况，如果最坏的结果真被你碰到了，你又能怎么办？你的担心能够改变吗？”

在现实生活中，人们常常会遇到各种各样的困难。相信谁也不想陷入困难的沼泽里一卧不起，我们来不及哀叹和埋怨，更没理由因为害怕失败而止步不前，只有杜绝消极情绪，时时激励自己及时地调整自己的精神状态，才能使自己从阴影中走出来，继续开始追求成功的征程。

杜绝浮躁心理

人不能心浮气躁，静不下心来做事。荀况在《劝学》中说：“蚯蚓没有锐利的爪牙、强壮的筋骨，但却能够吃到地面上的黄土，往下能喝到地底下的泉水，原因是它用心专一。螃蟹有八只脚和两个大钳子，它不靠蛇鳝的洞穴，就没有寄居的地方，原因就在于它浮躁而不专心。”

这种人因为轻浮、急躁，对什么事情都深入不进去，只知其一，不究其二，往往会给工作、事业带来损失。所以，浮躁的心态是要不得的，它是我们幸福生活和收获成功的顽石，必须清除。在追求成功的路上，容不得浮躁的心态。“三天打鱼，两天晒网”、“当一天和尚撞一天钟”都是浮躁的表现。我们要清除浮躁，要踏实、谦虚，戒躁是要求我们遇事沉着、冷静，多分析多思考，然后在行动，不要这山望着那山高，干什么事情都干不稳，最后毫无收获。因为成功往往不会一蹴而就，而是包含着奋斗者的汗水和心血，苦尽才能甘来。

有一座禅院住着老和尚和小和尚师徒两个人。

在炎热的三伏天，禅院的草地枯黄了一大片。“快撒些草籽吧，好难看呀！”徒弟说。“等天凉了，随时。”老和尚挥挥手说。

中秋到了，老和尚买了一大包草籽，叫小和尚去播种。秋风突起，草籽四处飘舞，“不好，许多草籽被吹飞了。”徒弟喊。“没关系，吹去者多半中空，落下来也不会发芽，随性。”老和尚说。

刚撒完草籽，几只小鸟就来啄食，徒弟又急了。“没关系，草籽本来就多准备了，吃不完，随遇。”老和尚继续翻着经书说。

恰巧半夜一场大雨，小和尚冲进禅房：“这下完了，草籽被冲走了。”“冲到哪儿，就在哪儿发芽，随缘。”老和尚正在打坐，眼皮抬都没抬。

不久，光秃秃的禅院长出青草，就连一些未播种的院角也泛出绿意，望着禅院每个角落泛出的绿意，徒弟高兴得直拍手。老和尚站在禅房前，微笑点点头：“随喜。”

故事中徒弟的心态是浮躁的，常常为事物的表面所左右，而师傅的平常心看似随意，其实却是洞察了世间玄机后的豁然开朗。

在这个千变万化的世界中，人人都可能有过浮躁的心态，这也许只是一个念头而已。一念之后，人们还是该做什么就做什么，不会迷失了方向。然而，当浮躁使人失去对自我的准确定位，使人随波逐流、盲目行动时，就会对家人、朋友甚至社会带来一定的危害。这种心浮气躁、焦躁不安的情绪状态，往往是各种心理疾病的根源，是成功、幸福和快乐的绊脚石，是人生的大敌。无论是做企业还是做人都不可浮躁，如果一个企业浮躁，往往会导致无节制地扩展或盲目发展，最终会失败；如果一个人浮躁，容易变得焦虑不安或急功近利，最终迷失自我。

有一位年轻人，他对大学毕业之后何去何从感到彷徨，因为他没有考上研究生，不知道自己未来的发展；他的女朋友将去一个人才云集的大公司，很可能会移情别恋……别的同学都主动去联系工作单位，而他成天借酒浇愁，无论做什么都充满浮躁、提不起来一点精神，天天混在宿舍里，无动于衷，甚至天天梦想着时来运转。他还经常和同学争吵，从没有耐心地做好一件事，最后他的同学几乎都找到了自己的工作。而他却烦恼丛生。

于是他去找心理医生。心理医生说：“浮躁，无病呻吟。你看过章鱼吧？有一只章鱼，在大海中，本来可以自由自在地游动，寻找食物，欣赏海底世界的景致，享受生命的丰富情趣。但它却找了个珊瑚礁，然后动弹不得，焦躁不安，呐喊着说自己陷入绝境，你觉得如何？”心理医生用故事的方式引导他思考。

心理医生提醒他：“当你陷入烦恼的浮躁反应时，记住你就好比那只章鱼，要松开你的手，用它们自由游动。阻碍章鱼的正是自己的手臂。”

就像本例一样，人心很容易被种种烦恼所捆绑。但都是自己把自己关进去的，心态浮躁是自投罗网的结果，就像章鱼，作茧自缚，而从不想着走出来，最后让浮躁毁了自己。

就像文中那样，有些人做事缺少恒心，见异思迁，急功近利，不安分守己，总想投机取巧，成天无所事事，脾气大。面对急剧变化的社会，他们不知所措，对前途毫无信心，心神不宁，焦躁不安，丧失了理智，做事莽撞，缺乏理性，甚至会做出伤天害理和违法乱纪的事情来。

一个时期以来，特别是目前，人们生活水平提高了，度过了那些挨饿的年月，但人的欲望也在一天天地滋长着。一些刚走出象牙塔的大学生，有一种急切地展现自己价值的渴望，他们想急于把花掉的大把学费挣回来，想急着为他花光积蓄的父母表示一下孝心，还急着找自己的配偶，急着买房、买车……等等的一切，其实哪一项也得花费不菲的钱财。对于刚出校门的他们来说，确实是一项沉重的负担。

当这些欲望得不到满足时，他们越想得到，于是浮躁的心态产生了，做事情没有仔细的态度，比如阅读，从来不会静下心来看看书中的精髓，由于心不在书，所以眼睛一掠而过，书反而成了消磨时间的工具。

人们之所以陷入了浮躁的误区，原因就是失衡的心态在作祟。当自己不如别人，当压力太大、过于繁忙、缺乏信仰、急于成功、过分追求完美等等问题出现而又不能得到满意解决时，便会心生浮躁。或者说，浮躁的产生是因为心理状态与现实之间，发生了一种冲突和矛盾。

我们可能不时地需要同浮躁做不屈的斗争，有时甚至要用一生的代价去搏斗。比如，官员如果浮躁，他就会为了升迁而不择手段，甚至会做出损害人民的事来；做人如果浮躁，就会急于求成，会让人势利、浅薄。

其实，一些所谓远大的理想也不是那么高不可攀，只是我们太过浮躁，浮躁使我们的生活处于杂乱无序的状态之中。为此我们会自己管不住自己，我们就会被浮躁所左右，结果是一无所获，只得悲壮地说，从头再来吧。当前，浮躁之风已经遍及我们生活的角角落落。

说什么车水马龙、琼楼玉宇、鱼翅燕窝、钞票美女……这个处处膨胀着欲望的时代使我们很容易地进入浮躁的怪圈。

不论做什么都来不得半点的浮躁之风，做好任何一件事情，都需要付出相当的精力和体力。如果浮躁，做事的质量就会大打折扣。一个人浮躁，个人就不会成功；一个企业浮躁，企业可能从此走向下坡路。我们只有静下心来，踏实而心无旁骛地做事，才不会受浮躁消极心态的控制。

化解压力

世界名著《简·爱》的作者夏洛克·勃朗蒂说："人活着就是为了含辛茹苦。"人的一生肯定会有各种各样的压力，于是内心总经受着煎熬，但这才是真正的人生。人无压力轻飘飘，事实上，压力并不完全就是坏事，它也是成就辉煌的最雄厚资本。

压力是一种认知，是在个人认为某种情况超出个人能力所应付的范围时所产生的。我们常常认为压力是外来的，一旦碰到不如意的事情，就认为那是压力。这就要求我们对压力有个正确的认识，一个人能否顺利应付压力，取决于他对压力的认识和态度。

西班牙人爱吃沙丁鱼，但在古时候，由于渔船窄小，加之沙丁鱼非常娇贵，它们极不适应离开大海之后的环境。所以每次打渔归来，那些娇嫩的沙丁鱼基本都是死的，这不但影响了沙丁鱼的食用味道，而且价格也差了好多。为延长沙丁鱼的活命期，渔民想了很多办法。后来渔民想出一个法子，将几条沙丁鱼的天敌鲶鱼放在运输容器里。沙丁鱼为了躲避天敌的吞食，自然加速游动，从而保持了旺盛的生命力。最终，运到渔港的就是一条条活蹦乱跳的沙丁鱼。

从沙丁鱼的例子中，我们可以看出适当的竞争犹如催化剂，可以最大限度地激发人们体内的潜力。当人们感受到压力存在时，为了能更好地生存发展下去，必然会比其他人更用功。

美国麻省理工学院曾经做了这样一个很有意思的试验：试验人员用一个铁圈把一个成长中的小南瓜圈住，以便观察南瓜在生长过程中这个铁圈承受的压力能有多大。第一个月测试的结果是南瓜承受了500磅的压力。第二个月，测试的结果是南瓜承受了1500磅的压力，这个结果完全超出了原先的估计。等到第三个月时，测试的结果简直让大家目瞪口呆，这个小小的南瓜竟然承受了3000磅的压力。当充满好奇心的试验人员打开这个不同凡响的南瓜的时候，发现这个南瓜被铁圈箍住的部分充满了坚韧牢固的纤维层，而且南瓜的根系也伸展到了整个试验土壤。

一个小小的南瓜为了冲开铁圈的束缚，尚能够承受如此巨大的压力，并且积极地把压力转化成生存的力量。同理，企业中的员工，在你所处的工作环境下怎么能够不承受工作的压力呢？其实，大多数的员工都能够承受超出他们想象的工作压力，因为他们本身就拥有比自己想象中大得多的潜能。

压力，是磨练成功者的试金石。诸如，在职场上的竞争、忙碌会给人以无形的压力，有些人被压跨了，有些人却可以把压力变成燃料，从而让生命更猛烈地燃烧。优秀的员工不但能够承担来自各个方面的压力，还能够在环境相对轻松的时候给自己“加压”。聪明的员工总是在自己的背后放一根无形的鞭子，让自己在工作过程中的每一秒都处在适当的压力下，这样才有一种紧迫感，才能在工作中保持始终如一的韧劲。企业也总是在不断地给员工施加适当压力的过程中，逐渐淘汰那些不能顶住压力的员工，以保持企业的活力与竞争力。

小杜在一家外企工作，近来因工作压力较大，时常出现头痛、失眠、四肢乏力、记忆力减退等现象，同时经常烦躁不安，动不动就想发火。到医院检查后经医生诊断，并没有发现什么疾病，只不过是由于工作压力太大而导致身体处于亚健康状态。

在现代都市生活当中，像小杜这样的情况并不是个别现象，并且随着社会竞争的加剧，巨大的无形压力正在追赶着上班族。据调查，目前有80%以上的上班族认为自己缺乏职业安全感，担心失业、觉得工作不稳定、缺少归属感、对工作前景感到忧虑、在工作中经常被挫伤自尊心等。这些无形的工作压力会在人的生理和心理方面引起各种不良反应，容易使人产生头痛、失眠、消化不良、精神紧张、焦虑、愤怒以及注意力不集中等症状，严重的还会表现出抑郁症的征兆，如孤僻、绝望，甚至自杀等。

工作中有压力是正常的，在我们的工作当中，每个人都会或多或少地遇到各种压力。既然压力是不可避免、又不可消灭的，那么我们就要学会自我减压，使压力保持在我们能够承受的限度之内，不要发生“水压过大，胀爆水管”的可怕事故。要化解压力，就要不断地为自己设定目标，自我加压。处在各种压力之下，你也要善于调整自己的心态。压力是阻力，但压力也是提高你自身能力的催化剂，如果你在面对压力时一味地害怕、困惑，那就很容易被压力打垮。但如果你采取了积极的态度去面对，最后就会发现，其实压力也没什么大不了的。

斯巴昆说：“有许多人一生的伟大，来自他们所经历的大困难。”宝剑的锋利是从通过高温炉火的煅烧和无数千锤百炼中铸造出来的。有很多人本来具有担当大任的能力，但由于一生都在没有风雨的温室环境中度过的，他们没有经历过风雨的洗礼，其内在潜伏的能量难以发挥，这就注定其默默无闻的平庸人生。因此，适当的压力对于我们来说，并不是我们的死敌，而是得以磨砺而出的熔炉，经过它的锻烧，使我们具有了可以适应任何环境的能力。特别是在这个竞争激烈的社会里，适应的压力可以让我们在众多竞争者中胜出。

战胜恐惧

恐惧是一种带有强迫性质的、不以人身体的意志和愿望为转移的情绪。恐惧能摧残一个人的意志和生命。它能影响人的胃、伤害人的修养、减少人的生理与精神活力，进而破坏人的身体健康。它能打破人的希望、消退人的志气，使人的心力“衰弱”，每遭遇到困难都会望而却步。

依曼努尔·康德说：“恐惧和懦弱是对危险自然的厌恶，它是人类生活中不可避免和无法放弃的组成部分。”

任何人或多或少都会有恐惧心理。当遭遇困境的时候，人都会害怕，但怕归怕，千万不要输给眼前的敌人。

有一位名人说过，机会都是给那些不畏艰难困苦的人准备的。安逸的生活环境好像温室中一样，温室里的花朵是体会不出梅花那种傲立风雪的境界的。其实生活总是青睐于那些具有风险意识、勇敢无畏和敢于探索和尝试的人的。如果只注意风险，就像上文中的故事那样，这个世界上就不会有一处让你感到安生的地方，就会处处有等待你的陷阱、处处有等待你的危机。惟有那些勇于追求、实现追求的人才能领略到人生的最高的喜悦和欢愉。

迈克·英泰尔是一个非常胆小的人，他几乎对生活的一切都害怕得要死，自打小的时候，就怕保姆、怕邮递员、怕鸟、怕蛇、怕大海、怕城市、怕荒野、怕黑暗、怕热闹又怕孤独……就这么一个胆小鬼，居然当了记者。

转眼间，他到了37岁，他常为自己怯弱的上半生而哭泣，在一个午后，由于恐惧，精神几近崩溃的他又突然哭了，哭泣的原因是由于一个问题：如果有人说今天自己必须得死，问自己会感到后悔吗？他的答案竟是非常肯定。虽然他有自己的好工作、亲友和美丽的女友，他那平顺的人生从没有出现过高峰或谷底。

从没有下过赌注的他，突然心头涌上一个念头，他决定选择北卡罗莱纳州的恐怖角作为他的最终征服目的,来达到他征服生命中所有恐惧的目的。

于是，他做出了一个疯狂的举动：放弃令人羡慕的记者工作，把随身携带的3美元施舍给了街边的流浪汉。只带了干净的内衣裤，从美国西南岸的加利福尼亚，靠着搭便车与一群陌生的人横跨美国，他的目的地是北卡罗莱纳州的恐怖角。

走前，他曾接到奶奶写给他的纸条：你一定会在路上被人杀掉。但他最后却成功了，整个行程有4000多公里，依赖80多个好心人吃了78顿饭。

整个行程中，他没有接受任何人的钱物，在雷雨交加的夜晚，他就睡在潮湿的睡袋里，也有一些像抢匪或杀手的人让他心生恐惧。有时，他靠打工换取住宿，还碰到一些好心人。到了后来，他终于到了恐怖角。

他挑战恐怖角，恐怖角其实并不恐怖，这个地名是一位16世纪的探险家起的，本来叫“CAPE FAIRE”后来被讹传为:“CAPE FEAR”。

这使迈克理解到这个地名的不当，就像自己心生恐惧一样，其实自己不是恐惧死亡，而是害怕生命。

他用了6个星期的时间，他到了一个自己陌生的地方，虽然没有得到什么，但他注重的是过程。通过这次冒险的经历，可以在他的回忆中增加勇气和信心，好像他生活的人生一样。对于人生的事情，我们不要杞人忧天，事情该怎么做就怎么做，不要由于其他的原因，而耽误了自己前进的脚步。

恐惧是我们的大敌，它会找出各种各样的理由来劝说我们放弃。它还会损耗我们的精力，破坏我们的身体。总之，它会用各种各样的方式阻止人们从生命中获取他们所想要的东西。

真正成功的人，不在于成就大小，而在于你是否努力地去实现自我，喊出自己的声音，走出属于自己的道路。大文豪萧伯纳说过："困难是一面镜子，它是人生征途上的一座险峰。它照出勇士攀登的雄姿，也显示出懦夫退却的身影。"一个人无论做任何事情，要想获得成功，就必须有面对各种苦难的勇气，必须正视出现的挫折与失败。只有那些具有勇气的人，才不会被种种困难所带来的恐惧所吓倒，才能真正实现超越自我目标，达到希望的顶峰。

恐惧是人生命情感中难解的症结之一。面对自然界和人类社会，生命的进程从来都不是一帆风顺的，谁都避免不了会遭遇各种各样、意想不到的挫折与苦难。当一个人预料到将会有某种不良后果产生或受到威胁时，就会产生这种不愉快的情绪，并为此紧张不安，焦虑、烦恼、担心、恐惧，程度从轻微的忧虑一直到惊慌失措。

任何人都可能经历某种困难或危险处境，从而体验不同程度的焦虑。恐惧作为一种生命情感的痛苦体验，是一种心理折磨。人们往往并不为已经到来的，或正经历的事感到惧怕，而是对结果的预感产生恐慌，为生活中等等坏事情的发生而担忧。

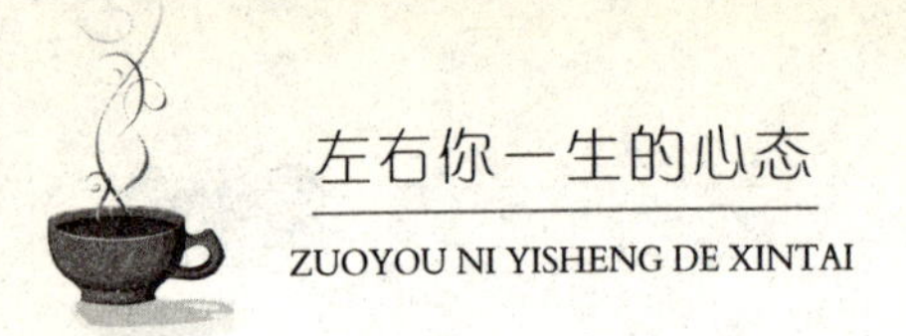

恐惧完全是我们的一种消极思想。如果你也有这样的思想，就要努力让自己克服。当然，我们不可能将其连根铲除，但却至少应该将其控制在一定的范围之内。如果让它成为你生命中的主宰，那么在生活中你也就会举步维艰了。

在拿破仑·希尔用来撰写成功学书籍的打字机前面，悬挂着一个牌子，其中用大写字母写下了下面一些字句："日复一日，我在各方面都将获得更大的成功。"

一名怀疑者在看到这个牌子之后，问拿破仑·希尔是否真的相信"那一套"。拿破仑·希尔回答说："我当然不相信。这个牌子'只不过'协助我脱离了我们本来担任矿工的那个煤矿坑，并且我在这个世界里谋得一席之地，使我能够协助10万人力争上游，在他们思想中灌输与这个牌子内容相同的积极思想。所以，我何必相信它呢？"

这个人在起身准备离去时，说道："好吧，也许这一套哲学有它的一点道理，因为我一直害怕自己会成为一名失败者，到目前为止，我的这种恐惧可以说已经彻底实现了。"

你若不是逼迫自己走向贫穷、悲哀与失败，就是正引导着自己攀向成功的最高峰，这完全取决于你是采取那一种想法。这就是说，恐惧是可以被克服、被打败的，只要我们了解资源是存在于我们自身，而不是在世界上的某个地方。

对于任何人而言，真的没必要对任何事情产生恐惧。其实，恐惧只不过是一种隐性的障碍罢了。就如怕了一辈子鬼的人，却一辈子也没有遇见鬼一样，恐惧不过是自己吓唬自己。很多人遇到棘手的问题的时候，就会想出很多莫须有的困难，把所面临的困境无限扩大，这无疑使自己产生了恐惧感。其实无论遇到什么事情，只要大胆去做，就会发现事情远没有想象的那么可怕。正如马克·吐温所说："勇气不是缺少恐惧心理，而是缺少对恐惧心理的抵御和控制能力。"纵观整个世界的发展史，每个人的失败都是不值得一提的，重要的是你曾经放手拼搏的过程。那些古今中外的成功人士，留给我们的不仅是他们的辉煌，更重要的是应该学习他们曾经为了战胜困难不断尝试的勇气。

清除内心的障碍

有些时候，阻碍我们去发现、去创造的，仅仅是我们心理上的障碍和思想中的顽石。

有一块宽度大约有50厘米，高度有10厘米的大石头，摆在一户人家的菜园里，每当人们从菜园走过，都会不小心踢到那块大石头，不是跌倒就是被擦伤。

“父亲，为什么不把那块讨厌的石头挖走？”儿子愤愤地问道。父亲回答说：“谁让你走路一点都不小心呢！它摆在那儿，还能训练你的反应能力。要把它挖走可不是件容易事，它的体积那么大，你没事无聊挖什么石头呀！在你爷爷那个时代，它就一直在那儿了。”

就这样又经过了几年，当时的儿子娶了媳妇，也当了爸爸，然而这块大石头还摆在菜园里。有一天媳妇气愤地说：“父亲，菜园那块大石头，我越看越不顺眼，改天请人搬走好了。”

父亲回答说：“算了吧！那块大石头很重的，可以搬走的话在我小时候就搬走了，哪会让它留到现在啊？”大石头不知道让她跌倒多少次了，媳妇心底非常不是滋味。

有一天早上，媳妇带着锄头和一桶水，将整桶水倒在大石头的四周。十几分钟后，媳妇用锄头把大石头四周的泥土搅松。媳妇早有心理准备，可能要挖一天吧，谁都没想到几分钟就把石头挖起来，看看大小，这块石头没有想象的那么大，人们是被那个巨大的外表蒙骗了。

你抱着下坡的想法爬山，便不会爬上山去。如果你的世界沉闷而无望，那是因为你自己沉闷无望。改变你的世界，必先改变你自己的心态。搬走那块顽石。

不要把自己当做鼠，否则肯定被猫吃。

在美国，有个富贵人家生下了一个女儿。然而不久，她便患了一种无法解释的瘫痪症，从此丧失了走路的能力。

女孩生日那天，家人在大轮船上为她庆祝生日。她坐在轮椅上，与家人一起乘船旅行。船长的太太告诉她说，船长有一只天堂鸟，它非常漂亮，并且给她讲了有关这只天堂鸟的许多奇迹般的故事。她被有关这只鸟的故事给迷住了，极想亲自看一看。于是保姆把孩子留在甲板上，自己去找船长。孩子耐不住性子等待，她要求船上的服务生立即带她去看天堂鸟。那服务生并不知道她的腿不能走路，只顾带着她一道去看那只美丽的小鸟。奇迹发生了，孩子因为过度的渴望，竟忘我地拉住服务生的手，慢慢地走了起来。从此，孩子的病便痊愈了。女孩子长大后，又忘我地投入到文学创作中，最后成为第一位荣获诺贝尔文学奖的女性。忘我是走向成功的一条捷径，只有在这种环境中，人才会超越自身的束缚，释放出最大的能量。

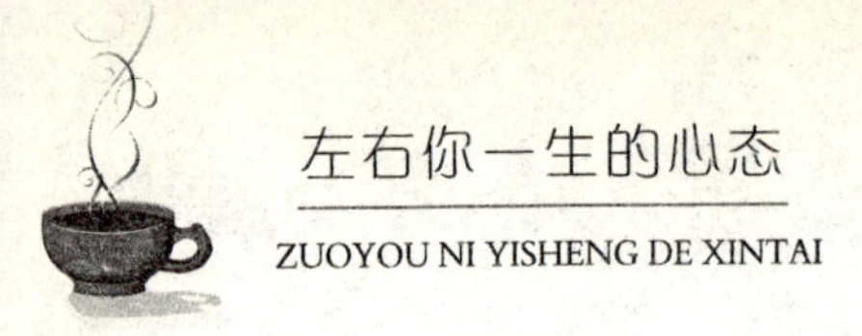

善于化解心中之结

德国著名哲学家、诗人、散文家尼采说：“你们所遇见的最大的敌人乃是你自己，你埋伏在山里的森林中，随时准备偷袭自己。你这个孤独者所做的，是追求自我的道路！你应该随时准备自焚于自己点燃的烈火中。倘若你不先化为灰烬，如何能获得新生呢！”

佛祖释迦牟尼在晚年曾告诉他的门徒说：“我第一次感受到解脱意味的出现是在我离家之前，那时我还是个孩子，一天坐在一棵菩提树下沉思，后来，我发现自己沉浸在日后认定是专心不乱的第一个层次。这乃是我第一次品尝到解脱的滋味，于是我告诉自己‘这就是看到了启悟的路。’所以我决定把生命完全奉献给精神上的探险。”结果，正如我们所知道的，不单单只是一个新的生命哲学的产生，它更是一种以新的人生方式来体验世界的方式。

有一个故事讲的是一个樵夫上山砍柴，无意间在山上遇见一个奇怪的人，那人的外表只有一层薄膜一样的皮肤，五脏六腑都看得清清楚楚，五颜六色非常奇怪。

樵夫问：“你是什么？怎么长成这个样子？”

透明人回答说：“我的名字叫‘妙听’，我不是人，是妖怪。”

樵夫说：“你是妖怪？妖怪都该有特别的本事，你有什么本事呢？”

透明人说：“我只有一个特别的本事。你看我的身体是不是透明的？这就是我的本事。所有人在我面前都会变成透明的。我不但可以看见人的五脏六腑，还可以看见人的隐私、思想和一切的秘密。简单地说，我会‘读心术’，所以才叫做‘妙听’。”

“你可以知道人的隐私、思想和一切秘密，那多可怕呀！”樵夫心里想着，问妖怪说：“妙听先生，那么今天我怎么会遇见你呢？”

透明人说：“我正要去惑乱人间呢！我打算把妻子的心思告诉丈夫，把丈夫的心思告诉妻子，让夫妻失去和睦。我打算把朋友之间相互隐藏的秘密告诉对方，让朋友反目。我打算东说说，西说说，把东家最不想让西家知道的事情告诉西家；再把西家最害怕东家知道的事情告诉东家……我不必使用特别的妖术，只靠这张嘴巴，不久之后，的确就毁灭了！”

樵夫越听越可怕，想到人间从此没有隐私和秘密，即使是暗中乱想的心思也会被公之于众，这世界会变得多恐怖呀！樵夫这样想着，他就有了这样一个想法：“趁这只妖怪还没有到人间作乱之前，在山上把它杀了吧！”

当他想到这里，妖怪妙听突然大笑：“哈哈哈！你刚刚在想，趁我还没有到人间作乱，先把我杀了！你怎么可能杀死我呢？不管你想什么，我都会先知道的！”

樵夫暗暗心惊，假装成浑然不知的样子。

妖怪说：“你想装成浑然不知的样子，趁我不注意时杀掉我，哈哈哈……”

樵夫恼羞成怒，拿起斧头就向妖怪砍去，左砍右砍，上砍下砍，不管他怎么砍，斧头还没有下来，妖怪已先“读”出了砍下的方向，妖怪一边闪躲，一边不断地嘲笑樵夫。

最后，疲惫不堪的樵夫颓然坐在地上，无奈地对妙听妖怪说：

“既然杀不了你，你也没有本事害我，我不管你了，我还是砍柴吧！”

休息了一下子，樵夫继续认真地砍伐树木，尽管妖怪在一旁干扰，他却视而不见，完全忘记了妖怪的存在。他进入了无心境界。他的手一滑，斧头飞了出去，正好砍中了妖怪的眉心。

所以说，无论任何人，只要我们的心能够达到达到一种平和，我们才能在这个社会中左右逢源，许多棘手的问题也使迎刃而解，许多人间的美景才能尽收眼底。如果做不到这点，他的人生就不会快乐。有一个故事讲的是一个人夜里做了一个梦，在梦中他看到一位头戴白帽、脚穿白鞋、腰佩黑剑的壮士，向他大声责骂，并向他的脸上吐口水……于是他从梦中惊醒过来。

第二天早上，他闷闷不乐地对他的朋友说：“我自小到大从未受过别人的侮辱。但昨夜梦里却被人骂并吐了口水，我心有不甘，一定要找出这个人来，否则我将一死了之。”

于是，他每天一起来便站在人来人往的十字路口寻找这梦中的敌人。几星期过去了，他仍然找不到这个人。

这个故事说明了什么？他告诫我们，人常常会假想一些敌人，然后在内心累积许多仇恨，使自己产生许多毒素，结果把自己活活毒死。

你是不是心中也还怀着一股怒气呢？要知道这样受伤害最大的是你自己，何不看开点，让自己的心得到修炼，给自己一个快乐的天堂呢？

追求心灵的平静

心灵的平静是智慧美丽的珍宝，它来自于长期且耐心的自我控制。保持心灵的平静意味着一种成熟，以及对于事物运转规律的一种不同寻常的了解。

一个人能够保持心灵平静的程度与他对自己的了解息息相关。人是一种思想不断发展变化的动物，要了解自己，首先必须通过思考了解他人。当他对人对己有了正确的理解，并越来越清晰地看到事物内部相互间存在的因果关系，这时的他就会停止大惊小怪、勃然大怒、忐忑不安或是悲伤忧愁，他会永远保持处变不惊、泰然处事的态度。

心灵平静的人知道如何控制自己，在与他人相处时能够适应他人，而他人反过来会尊重他的精神力量，并且会以他为楷模，依靠他的力量。一个人越是处事不惊，他的成就、影响力和号召力就越大。即使是一个普通的商人如果能够提高自我控制和保持心灵平静的能力，那他也会发现自己的生意蒸蒸日上，因为人们一般都更愿意和一个沉着冷静的人做生意。

无论是狂暴雨还是艳阳高照，无论是沧海巨变还是命运逆转，心灵平静的人永远都是平静、沉着、待人友善，他宛如烈日下一棵浓荫片片的树，或是暴风雨中抵挡风雨的岩石。也正因此，心灵平静的人总是受到人们的爱戴和尊敬。试问，又有谁会不爱一个心灵平静、不愠不火、温柔敦厚的生命？

平静的心灵是生命盛开的鲜花，是灵魂成熟的果实，它和智慧一样宝贵，其价值胜于黄金——是的，比足赤真金还要昂贵。但遗憾的是，在现实生活中，我们碰到的能够真正保持一颗平静心灵的人却是寥若晨星。

我的朋友给我说过一个故事。前几天他坐公交车回家，车上的人很多，到处都站满了人。在车站等车的时候，他前面是两位姑娘，她们很亲热地挽着手，其中一个女孩个子有些高。

个儿高的女孩从背影看上去很标致，一看就让人想到活力四射，她的头发是染成金色的，穿的是今年最流行的吊带，整个儿的一个时尚都市女孩，而且在她的身上还隐隐有一种难以说出的香味。

两个女孩站在那里不时地说着什么，而高个子女孩时不时还会快乐地笑出来，她的笑声很甜，让很多人都转过了身子来注视她，但大家的目光里有着一丝不解和一丝惊讶。

这种不解和惊讶，让他猜想是不是一位很漂亮的女孩，当时他也有一种冲动，想去看看女孩长得是怎么的漂亮，但是女孩一直没有回头。一段时间过去后，两个女孩唱起了歌，个高女孩的歌声更让人难以置信，她唱得太好了。朋友的心里想，只有幸福和对自已长像很自信的人，才能在人群里这样歌唱，这样更加让朋友想知道她长得怎么样了。

很巧，朋友和那两个女孩在同一个车站下车了。朋友出于好奇心理，大步地走了上去，可是当他看到高个儿女孩的脸后，他惊呆了，也同样明白了车上乘客为什么会有那样的表情了，女孩的脸是一张被烧坏了的脸，就算用触目惊心来形容也不算过分。我的朋友很佩服那个女孩子，因为女孩在那样的情况下，还会有那么快乐的心境，这是我的朋友不及的。

是啊，许多人都因为心灵骚动不安、浮沉波动，又缺少自我控制，而毁灭了一切真与美的事物，同时也葬送了自己平稳安静的性格和原有的幸福生活，并将不好的影响四处传播。

人性因为毫无节制的狂热而骚动不安，因不加控制的悲伤而浮沉波动，因为焦虑和怀疑而饱受摧残。只有明智的人，能够控制和引导自己思想的人，才能够让自己的心灵在暴风雨中，依然平静如亘古清潭。

经历了暴风骤雨的人们，无论你们身处何方，无论你们身处何境，都请对你的心说："平和，安静!"

第五章 欣赏自己，做心态的引导者

人生若想有所作为，就必须战胜自卑感。自卑会扭曲现实，给生活带来无谓的思想负担，使一个人的生活道路越走越窄。

打开自卑的枷锁

人是社会性生物，过的是群体生活。在这种生活中，有的人能生活得快乐，并收获成功，有的人却充满烦恼，把自己的人生搞得一团糟。为什么会出现两种截然不同的情况呢？其原因就在于后者把心灵拴上了自卑的枷锁。

也许每个人都有一点自卑情结的：他们不仅自己瞧不起自己，还认为自己怎么看都不顺眼，总觉得矮人一头。也许正是因为他们有了这样的自卑意识，结果他们无论在工作中，还是生活中，同样地认为自己怎么看都不顺眼，怎么比都比别人矮一头，自己怎么做都不会成功，总比其他人差。实际上真的是这样吗?其实，只要我们走出自卑的束缚，我们就会找到自己的优点，只要我们充满了信心，我们就会看到另一个世界，我们就会敢于面对一个真实的自我。

说实在的，自卑的人本身其实并不是他所认为的那么糟糕，而是自己没有面对艰难生活的勇气，不能与强大的外力相抗衡，致使自己在痛苦的陷阱中挣扎。所有在生活中说自己为某事而自卑的人们，都认为自卑不是好东西。他们渴望着把自卑像一棵腐烂的枯草一样从内心深处挖出来，扔得远远的，从此挺胸抬头，脸上闪烁着自信的微笑。

疯狂英语的创始人李阳从小性格内向，他不仅自闭而且自卑，面对很多事情都有女孩子般的羞涩感。就是这样一个自卑且英语极差的人，为了挑战自我，挑战自卑，居然苦攻英语，终于创造了“疯狂英语”，成就了“疯狂的李阳”。此外，新东方教育集团的创始人俞敏洪，同样是曾经深感自卑的一个人，他三次考北大三次落榜，几次出国都被拒签，连爱情都与他无缘，从他的回忆中可以感觉到他曾经是极度自卑的。所以他发出了呐喊:“在绝望中寻找希望，人生终将辉煌。”于是他的信心成就了新东方，成就了如今统领整个英语培训行业的领军人物。

有个小女孩的事情有点好笑，但它给了我一个很大的启示:自卑原来是自找的!

事实也是如此，自卑的确是自己找的。在农村，一般都有穿耳孔的习惯。有个女孩儿也穿了耳孔，可是这个耳孔却因为意外而穿偏了，但是幸运的是这只是有个小眼，不仔细看的话是很难看到的。但是这个女孩却因自己耳朵的这个小眼儿而非常自卑，于是便去找心理医生咨询。

医生问她：“眼儿有多大，别人能看出来吗？”

她说：“我留着长发，把耳朵盖上了，眼儿也只是个小眼儿，能穿过耳环，可不在戴耳环的位置上。”

医生又问她:“有什么要紧吗？”

“哦，我比别人少了块肉呀，我为此特别苦恼和自卑！”

也许我们会说，这个小女孩太过较真了，然而这样的事情在现实生活中却并不鲜见。生活就是这样，如果我们对自己没有信心，让自卑的心困扰我们，我们就会被一些无关紧要的缺陷所包围。最常见的缺陷有：身体胖、个子矮、皮肤黑、汗毛重、嘴巴大、眼睛小、头发黄、胳膊细……这些几乎都是让我们产生自卑的理由，而我前面所说的“耳朵上的一个小眼儿”也是其中一个。然而实际情况如何呢？

只要我们想开了，我们就能坦然面对了。当我们把目光从自卑的人身上转到那些自信的人身上时，便会有新的发现：上帝并不是让他们全都完美无瑕的。如果用“耳朵上的小眼儿”这样的尺度去衡量，他们身上的种种缺陷也可怕得很呢！拿破仑身材矮小、林肯长相丑陋、罗斯福瘫痪、邱吉尔臃肿，但他们都没有因为这些缺陷而停滞不前，相反，他们以此为动力，奋斗不息，结果成就了自己的辉煌。所以说，看看这些成功人士吧，他们身上的缺陷哪一条不比“耳朵上的小眼”更令人“痛不欲生”?可他们却拥有辉煌的一生!如果说他们都是伟人，我们凡人只能仰视，就让我们再来平视一下周围的同事、朋友，你也可以毫不费力地就在他们身上找出种种缺陷，可你看他们照样活得坦然自在。自信使他们眉头舒展，腰背挺直，甚至连皮肤都熠熠生光!

所以说，我们只有正视自己，只有正确地认识自己，才能走出人生的误区，才不会被自己的缺陷所困扰，才能敢于面对真实的自己，才能勇敢地接受现实、接受自我。这才是一个能成就大事的人所应该具备的品质。

心理素质强的人，勇于正视自己的缺点，接受自我。他们接受自己、爱惜自己，无论他们在人生的道路上结果如何，他们都会敢于面对，他们不会因失败而不求进取，也不会因失败而自暴自弃。因为他们知道，自己与他人都是各有长短的、极自然的人。对于不能改变的事物，他们从不抱怨，反而欣然接受所有自然的本性。他们既能在人生旅途中拼搏，积极进取，也能轻松地享受生活。只有勇敢地接受自我，才能突破自我，走上自我发展之路。

在人生的路上，有很多事情都不是外界强加给我们的，而是我们强加给自己的。我们没有充分地认识到自己，才会自卑感严重，在做起事来的时候才会缩手缩脚，没有魄力，结果让许多机会丧失，导致我们最终走向失败。所以说，我们应该注意到，当我们一开始去面对一件事情时，就要鼓足勇气去面对，不要因为自卑而畏首畏尾，也只有丢掉自卑感，大胆干起来，我们才能走向成功。

自卑是成功的绊脚石

在生活中，我们总是谴责那些自高自大的人，因为他们自命不凡、妄自尊大、目空一切，结果是害人害己。骄傲固然不好，但自卑也绝不是一件好事情，自卑的人认为自己处处不如别人，习惯用放大镜放大自己的缺陷和不足，总感觉自己不如别人，在别人面前抬不起头来。

自卑对自己的恶劣影响，会使你自己感觉身上背了一个沉重的包袱，会让你沉重而无奈地走下去，特别是在你有自己的选择的时候，自卑会毫不留情地抹杀你的英雄气概，让你至少在做事的起点上，要比别人慢半拍。碰到障碍的时候，可能会令人唉声叹气，甚至一蹶不振，从而否定自己的一切，还会掉进自责的心理陷阱，因此，机会从身边悄悄走掉了，本来轻松快乐的生活使你感到既痛苦又难受。根源就在于自卑牵着你的鼻子走，自卑主宰了你的生活。

有的人认为自己相貌平平，有的人认为自己有某种见不得人的生理缺陷，然而生活中不会有十全十美的人呀！即使是我国古代的四大美人也都有自己的缺点：据说，西施长了一对大脚，所以她总穿裙子遮盖它；王昭君长了一副斜肩膀，所以她总喜欢穿斗篷；貂婵长了一对小耳朵，所以常戴一对大大的耳环以掩饰；杨贵妃天生有难闻的狐臭，所以她常用花瓣洗浴自己。况且前人有智言在先，说人不可貌相，海水不可斗量。所以，我们没有必要总是盯住自己的缺陷不放，而和自己过不去，我们应该能做的就是要向积极的方面发展。

一些心理医生认为，对于自卑心严重的病人，他们总是自怨自艾、悲观失望，当然有时也不免妄自尊大。自卑的人看似平静的心绪，其实他们的心理剧烈地活动着，自卑犹如一条毒蛇一般使他们耿耿于怀，陷入自我设定的漩涡中不可自拔。严重的甚至会有自杀的心理倾向。

自卑是一种不良的情绪，会对我们自身的发展造成很大的障碍。因为凡是自卑的人，意志一般都比较薄弱，遇到困难时容易退缩，缺少面对困难的勇气。自卑还会给我们的人际交往带来一定的负面影响。因为自卑的人容易情绪低沉，常会因怕对方瞧不起自己而不愿与别人来往。而人际交往上的困惑又更容易让他走入心灵的死角。所以，自卑是成功的大敌。如果你有这个毛病，就应该尽自己的最大努力克服。否则，就会对自身的发展带来负面的影响。

如何克服自卑呢？以下几种方法可能会对你有用。

第一，全面认识自己，接受真实的自己。认识自己，就是充分认识自己的优缺点。但这并不是终点，我们接下来要做的就是让自己接受这个真实的自己，并不断地加以改正和提高。

对待错误，既不应该姑息，也不应该太过苛刻，不要因为一两个缺点就把自己全盘否定。世界并不完美，日月尚有升落盈缺，海水也有潮涨潮落，更何况我们这等凡人呢？所以，面对自我，一定要调整好心态。当然，也不能盲目乐观。如果你来个“鸵鸟政策”，那只能自欺欺人。而且你视而不见，也会让缺点一点点扩大，直到最后，把你吞没。当我们可以正确面对自己的时候，我们的身心也就会真正地成熟起来。

第二，转移注意力。消极情绪是每个人都会有的，关键是当它到来时，你要及时将其化解，这样它就不会对我们造成伤害了。

化解这些不良情绪最好的办法便是转移注意力。例如，男士最长用的排解忧郁的方法便是运动。可以通过打篮球、跑步等办法来发泄。也有的人一遇到烦心事喜欢喝酒，一醉解千愁。但是，往往酒醒以后，头脑反而会更加清楚，烦恼也会随之而来了。就算是为了排解郁闷，也应该有度，酒多伤身，到时反而连自己的身体也赔进去了。

而女士一般都喜欢发牢骚，把自己的不快向朋友、亲人一吐为快。再就是购物、逛街或索性大哭一场，哭过之后，也就雨过天晴了。无论哪种方法，只要能将心中的不快排除出去，对我们就是有利的。

第三，分析自卑产生的根源。如果你有自卑的心理，就要静下心来，让自己想一想产生这种心理的根源是什么。能力、家庭、相貌，还是小时候所受到的心理伤害。当你明白了病因，也就可以对症下药了。其实，大多数情况下，都是我们过于夸大内心的感受。比如你的容貌，或许你认为自己不够漂亮、英俊，但实际上别人并不会在乎这么多，只不过是你自己将内心的感觉放大罢了。

大多数情况下，自卑是建立在虚幻的基础上的，是我们的心理在作怪，与现实并没有太大的联系。比如你小时父母离异，于是便会觉得别人都看不起你。但其实别人并没有这种想法，是你将自己的思想弯曲了。如果你可以纠正自己的思想，那么也就可以克服这个毛病了。

第四，积极行动，证明自己的价值。之所以会自卑，就是因为我们不自信。一个有信心的人是不会受这种消极情绪影响的。所以，自信是消灭自卑的良药。

如何才能建立自信呢？其实很简单，那就是行动起来。其实，恐惧是我们内心最大的敌人，好多时候，并不是我们的能力有问题，而是我们的心理有问题，所以才会在困难面前败下阵来。当你真的鼓起勇气时，也就没有什么可以把你难倒了。

可以给自己制定一些小小的目标，开始的时候不要太难，否则就会挫伤我们的积极性。当你一个个实现了自己的目标时，信心也就会一点点地增强，并在成功的喜悦中不断地走向新的目标。每一次的成功都会强化你的自信，弱化你的自卑。当你切切实实地感到自己能干成一些事情的时候，你还有什么理由去怀疑自己呢？

第五，从另一个方面弥补自己的缺陷。或许，你自身的确有某些缺陷，比如生理上的，让你感觉很自卑。而这些，是我们没有能力改变的。但是，我们却可以通过另一种方式来弥补。比如，盲人的视力不好，但是触觉和听觉却比正常人要灵敏得多；你的身材矮小而又肥胖，连衣服都很难买到，这让你很难为情，更当不了什么模特，进不了仪仗队。但是，这个世界上对身材没有过多要求的工作有的是，关键是你要用一种积极的心态让自己去面对。

鱼儿虽然没有翅膀，却可以在水里翱游；雄鹰没有强健的四肢，但却可以在天空翱翔。我们的缺陷，反而会激发出另一方面的潜能。只要你能调整好自己的心态，便可以扬长避短，使你更加专心地关注自己的成长方向，从而获得超出常人的发展。

第六，建立外向的性格趋势。有自卑心理的人，一般也都有自闭的倾向，喜欢把自己封闭起来。而这种封闭又很容易会让我们陷入到自己的消极情绪中去，因此形成一个恶性循环。

其实，性格的内向与否，完全取决于自己。当你认为自己性格内向之时，便会赋予自己内向封闭的自我形象。而一旦它进入你的潜意识，使会约束你的行为。所以，你必须学会将自己心里的那面镜子调转方向，敞开自己的心灵。当阳光照射进来的时候，你也就不会再害怕黑暗了。

在这个世界上，我们每个人都是独一无二的，所以，没有必要自怨自艾。要学会爱自己、欣赏自己。当你学会用一颗乐观的心态来看待自己的时候，你的内心也就会变得更加的成熟，而在生活中，也就会变得更加的理智了。

跨越自卑

自卑是人性共同的弱点，不管你是否成功过，或者已经成功，你都无法否定你内心潜藏着的那种对自我的不满意。人因为有了对自己的这种否定，所以，懂得了自尊、自爱、自重。这是自卑带给我们的好处，但过分的自卑则会妨碍我们对自己的正确认知，给自己造成不必要的心理压力，从而阻碍我们成功。

自卑的人总会拿自己的弱项来比别人的长处。看到别人学习好，就埋怨自己的不够聪明；看到别人性格活泼就觉得自己没有活力、死气沉沉。但为什么你看到自身也有好多有点呢？学习没有别人好，但多才多艺；性格不活泼但更易得到别人的信任。

有一则寓言说，有一只乌龟在沙滩上晒太阳时，几只螃蟹走过来，它们看到乌龟背上的甲壳嘲笑道："瞧瞧，那是一只什么怪物啊，身上背着厚厚的壳不说，壳上还有乱七八糟的花纹，真是难看死了。"乌龟听后，觉得很羞愧，因为它自己早就痛恨这身盔甲，可这是娘胎里带出来的，没法改变，它只能把头缩进壳里，来个眼不见、耳不听，落得个清静。谁知螃蟹们见乌龟不反抗，便得寸进尺，"哟，还有羞耻心哩，以为把头缩进去，你就能改变你一出生就穿破马甲的命运吗？"乌龟没有应答，螃蟹自讨没趣地走了。

乌龟等螃蟹们走后，伸出头，迈动四肢，找到一处礁石，把它的背部靠在礁石上不停地磨，想磨掉那件给它带来耻辱的破马甲。终于，乌龟把背磨平了，马甲不见了，但弄得全身鲜血淋漓，疼痛不堪。一天，东海龙王召集文武百官升朝，宣布封乌龟家族为一等爵位，并令它们全体上朝叩谢圣恩。在乌龟家族里，龙王一眼就瞧见了那只已没有马甲的乌龟，便大怒道："你是何方妖怪，胆敢冒充乌龟家族成员来受封？""大王，我是乌龟呀！""放肆，你还想骗朕，马甲是你们龟类的标志，如今你连标志都没有了，已失去了本色，还有什么资格说是乌龟。"说完，龙王大手一挥，虾兵蟹将们就将这只丢掉马甲的乌龟赶出了龙宫。

其实，我们自己也会犯这样的错误，当别人谈论我们的不足，认为我们的所做所为不合常理时，我们也会有一种自我关注的情绪在否定着自己，认为自己不如别人。更有甚者，会暗自将自己拿到人群中加以比较，这样的结果往往是越比较越自卑，越觉得自己一无是处。于是渐渐失掉自己的本来面目，渐趋于他人的言论和行动。

现代社会，竞争越来越激烈，只有具有很好的心理素质才能生存。如果一遇到挫折就否定自己，是不会成功的。而且无论是谁，都不会喜欢一个对自己都没有信心的人。现在是一个需要自我展示的年代，自卑的人只能一个人躲在角落里，看着别人不断进步。

有位心理学家写了一本很畅销的社会心理学书，名叫《你的误区》。这本书认为，每个人均有个性上的"误区"或自我挫败的感情和行为，比如像自我轻视，易怒，对过去悔恨，对他人过分依赖，不敢涉足新事物，被旧风俗习惯过分控制……因而使自己不能愉快地生活。那么，如何使自己走出"误区"呢？

首先，要克服自卑感。自卑是一种不健康的想象，是一种认为自己不可能成功的心理状态。自卑感会挫败你的勇气，而夺走你的信心，留下的只有无所作为的思想，这就不可避免地要遭受失败。

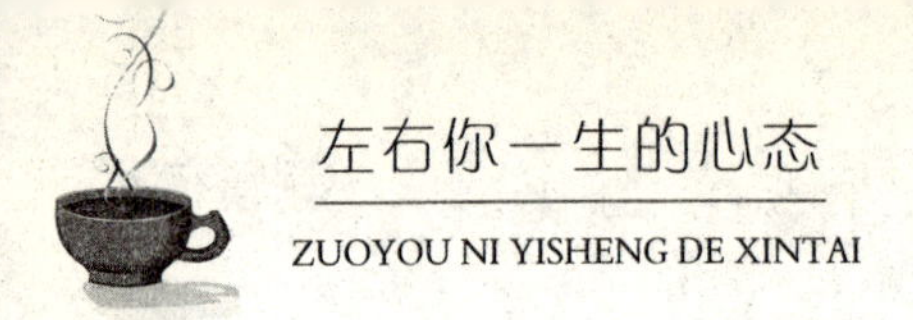

其次，要面对真实的自己。每个人都会犯错误，犯了错误就要敢于承认，要善于吸取教训。不要因自己犯了错误就憎恶自己，并且一直沉浸在错误的阴影里。

第三，给自己定的目标不要太高。设定你能够达到的目标，并为之努力，达到后的喜悦将使你更具信心。大目标要分解成小目标，慢慢达成。

第四，要学会帮助别人。帮助一些失魂落魄的人恢复自信，无形中会增加你的自信。

第五，要成为一流好手。每个人都有自己的嗜好、手艺或技术。无论它多么普通，即要努力发展它，成为这方面的专家。之后就会有人向你请教，对你表示敬佩，这样就会使你感到自己不一般。

第六，多照镜子。不要认为镜子是女人的专利，男人也要常对着镜子审视自己，是不是精神饱满？是不是显得愉快？这样就能够避免消极思想，尤其要对着镜子说“我能够”、“我要做”之类肯定的话。

另外，要克服自卑感还要分析自卑的原因是什么，了解到真正的原因，就可以主动地、有意识地训练自己跨出这一步，从而为自己树立优越感，摆脱自卑的束缚。

认清自己

老子说："自知者明。"一个人只有认清自己才能在生活中更加充满智慧。如果一个人连自己是谁都搞不清，就只能像无头的苍蝇一样到处乱撞。但是认清自己又谈何容易，又有几个人敢说自己真的了解自己。

"认识自己"对于任何人来说都是很重要的，它不仅是一种对自我的认识或者自我意识的能力，还是一种可贵的心理品质。自我认识或自我意识，从字面来看，我们可以理解为对周围事物的关系以及对自己行为各方面的意识或认识，它包括自我观察、自我评价、自我体验、自我控制等形式。

从现实生活当中，我们可以清楚地认识到，一个人如何看待自己是与自身的自信心强弱有关的，自信心强的人能较好地看到自己的潜力，而自卑的人则会对自己有所贬低。我个人就有过这样的感觉，当我感觉我某天、某时心情不好的时候，那么，我那一天是不快乐的，但是，当我换另一种心态来证实我是快乐时，那么我的心情就会非常地好了。是啊，很多时候如果觉得自己是个乐观向上的人，就会表现得乐观向上；如果认为自己是个内向而迟钝的人，那很可能就会表现得内向迟钝。这些现象告诉我们的是，只要我们充分地相信自己，那么一切都可以改变。

可能，我们并不能完全了解自己，但是，至少我们可以让自己做得更好。一个人只有认清自己，在生活中才会更有目的性。人性是复杂的，有时连我们自己都会奇怪自己为什么会做一个古怪的决定。“不识庐山真面目，只缘身在此山中。”或许正是因为离自己太近，所以才迷失了自己吧！

我们看不清眼中的自己，却可以看清别人眼中的自己，所以我们可以通过别人的反应来观察自己。这也就是所说的“以人为镜”。

为了认清自我，科学家们也做了一些探索。美国的心理学家乔（Jone）和韩瑞（Hary）提出了关于自我认识的理论，被称为“乔韩窗理论”。他们认为，每个人的自我都有4部分，即公开的自我、盲目的自我、秘密的自我和未知的自我。那么，我们具体通过哪些途径来认识自己呢？

首先，从自己与他人的关系认识自己。我们每个人都生活在一个集体中，我们每天都在与不同的人打交道。而别人也总会对我们有一些印象，他们把对我们的感觉，如喜欢、讨厌、爱慕等种种情感通过自身所散发出的信息传递给我们，而这些信息被我们捕捉到，便会明白自己的形象。别人成为反映我们自身的一面镜子，而我们可以根据这些返馈的信息来不断地修正自己。

聪明而又善于思考的人可以从这些关系中不断地向别人学习，改掉自己的缺点，发挥自己的优点，让自己向着心目中那个完美的形象靠近。这时我们不仅仅是捕捉从别人那里传来的信息，还包括在与别人的比较中给自己定位。但是，在比较时应该注意到那些并不是标准，不能在跟别人的比较中而失去了自己。

其次，从自己与事的关系认识自己。也就是说，要从做事的经验中来了解自己。每件事的结果都是我们智慧的反映。我们从中可以发现自己的优点和长处，也可以发现自己的弱点和缺陷。对于聪明的人来说，他们总会从自己的经验中看到自己的影子，也可以从自己的失败中看到自己的不足。他们不断地吸取着经验教训，让自己逐渐得到改善。

再次，看清自己心目中的自己。这要求我们要从两个不同的角度去观察自己。第一是自己眼中的我。这是指看清我们的一些外部特征，如相貌、年龄、气质等外在因素。第二是我们内心中的自我，这就要求我们要静静聆听内心发出的声音，我们对自己的评价是什么；我们对自我的期待是什么；我们心目中那个完美的形象是什么样子；我们对自我的感觉是什么，讨厌或喜欢，接受或拒绝。只有让自己心中那个模糊的形象渐渐清晰了，才能更清楚地看清自己。

当然，认识自己不是一件容易的事情，但只要我们努力，总可以做得更好些。只有认清自己，才能在行动中减少盲目性，才能让我们在生活中少碰壁。比如在制定目标时，我们只有了解自己的实力和优劣势，才能根据自身的情况制定合适的目标。在生活中，我们只有知道自己想要成为一个什么样的人才会采取相应的行动，制定相应的计划，而不是盲目地乱撞。

当我们认识自己以后，就要学会接受自己。接受自己就是正确地看待自己。我们每个人都有自己的优点也都有自己的缺点，既不能因为身上的某些优点而骄傲自大，也不能因为身上的某些缺点而妄自菲薄。我们所要做的，就是用一种正确的心态来看待自己，不断地完善自己，改正缺点，发扬优点。没有必要去模仿别人，因为在这个世界上，每一个人都是独一无二的，我们有理由保持自己的本色，而不是在人云亦云中迷失自己。

接受自我意味着要爱自己。如果你爱过别人，就应该明白爱就是打开，就是容纳。你并不在乎他有什么缺点或者对你的态度，只是完整地接受，完整地奉献。这就是为什么会说“爱到深处人孤独”，因为这是全心全意地投入，忘我奉献的必然结果。

接受自我意味着完全信任自我。这就要求我们要时时聆听来自内心深处的声音，也就是上面我们所说的看清心目中的自己。然后使自己完全投入生活，而不是徘徊不前；觉得自己不够资格投身于人生的赛场，则意味着敬畏自己的人性本质和无限潜力。

接受自我是一种自爱，是自己对自己的爱惜。一个人爱惜自己就不会自暴自弃，在任何时候都会相信自己。自爱并不是自恋，自恋是一种以自我为中心的盲目的妄自尊大，往往只看到正面的自己而看不到自身的缺陷，是一种心理不健康的表现。

一个人只有认识到自我才能在生活中不再盲从，也才能更加理性；而接受自我是我们进步和发展的先决条件，只有这样，我们才能全面地认识自我行为的性质，才能在面对困难和挫折时敢于相信自己、不抛弃自己，才能更加有勇气去面对生活中的风风雨雨。

欣赏自己

我们阅尽千山，欣赏大自然的旖旎风光；我们踏遍万水，陶醉于天地灵秀的神奇风韵。我们欣赏自己的朋友、家人，以便使自己家庭和睦、友谊长存。但是，往往，我们却忘了欣赏自己。

陈蕾从小就特别敏感而腼腆，她长得非常胖，这一点从她的脸上看起来就更加的明显。陈蕾有一个很古板的母亲，她认为一个女孩子必须保持以前老人的作风，穿衣服不能穿得花花绿绿的。她总是对陈蕾说："宽衣好穿，窄衣易破。"而且总照这句话来帮陈蕾穿衣服。所以，陈蕾从来不和其他的孩子一起玩，甚至不上体育课。她非常害羞，觉得自己和其他人"不一样"，并且封闭了她现在的生活，完全不讨人喜欢。

长大之后，陈蕾在母亲的包办下嫁给一个比她大好几岁的男人，可是她并没有改变。她丈夫一家人都很好，对生活也充满了自信。陈蕾也尽最大的努力想去迎合家人，可是她并没有做到。为了使陈蕾能开朗地做每一件事情，家里人都尽量在不经意间纠正她自卑的心理，可是这样做使陈蕾变得更紧张，把自己关闭在黑暗与孤独之中。她躲开了所有的亲人与朋友。陈蕾知道自己是一个失败者。所以每次和家人共同出现在公共场合的时候，她都假装很开心，结果常常做得太过分。就是这样的生活陈蕾一直过了几年，但人的心理承受总有一个极限，当陈蕾的极限到了，她想到了自杀。

但是一件事，改变了陈蕾的命运，让她从死亡的边缘走了回来。

一次她在家里听到了婆婆对孩子说的话："不管做人，还是做事，我们总要保持我就是我的原则或者保持本色。"

"我就是我，保持本色!"在那一刹那间，陈蕾发现自己之所以那么苦恼，就是因为她一直在试着让自己适合于一个并不适合自己的模式。

这次偶然的事件陈蕾改变了，后来陈蕾回忆说："从那以后，我开始改变我自己，我经过几天的思考，我知道了我不快乐的原因，于是，我开始保持我内心本色。我试着研究我自己的个性，自己的优点，尽量用适合我的方式去穿衣服。我主动地去交朋友，常常与邻居到公园里去游玩，慢慢的我的勇气一点点的增加了，我也从中得到了许多快乐，这所有的快乐，是我从来没有想到的。在教育我自己的孩子时，我也总是把我从痛苦的经验中所学到的结果教给他们，不管做人，还是做事，我们总要保持我就是我的原则或者保持本色。"

欣赏自己是一种生存的智慧。一个懂得欣赏自己的人，才会体会到生活的快乐。如果你总是妄自菲薄，那么也就不会得到心灵上的平静，因此也就享受不到生活的快乐了。

当然，学会欣赏别人，可以让我们变得更加谦虚，也会让我们从他人身上吸收到更多的优点。但是，我们却不应该在欣赏别人的同时而迷失了自己。世界上没有完全相同的人。作为独立的个体，我们每个人都是独一无二的。因此，你要学会用自己的不同来装饰这个世界。或许，我们有些方面的确不如别人。但同时，我们自身也有令他人无法企及的专长。而这些，就是我们的财富。学会欣赏自己，你的心灵便会敞开，阳光也会照射进来。

也许，你并没有动人的容貌，也没有娇好的身材，但是你却有一个温顺的性格，因此，别人也都愿意与你接近，而这便是你身上的发光点。就算你有天使般的面孔和魔鬼般的身材，如果你个性乖张，蛮不讲理，也会遭到别人的讨厌。

有句话说得好：“人不是因为美丽才可爱，而是因为可爱而美丽。”无论多美的容貌，都会随着岁月的流逝而慢慢失去光彩。再优美的身材，也会随着年龄的增长而慢慢走了样。只有内在的美，才不会随着时间的流逝而渐渐消失。所以说，人不可貌相。拥有美好心灵的人比任何动人的容颜更能打动别人。

自信的人最美丽。因为他们的身上会流露出一种特殊的气质，让他们看上去充满青春活力。一个自卑的人却总会给人一种老气横秋的感觉。就算年纪轻轻，也会让人感觉如同秋日里飘零的黄叶，没有一点生气。没有一个人是完美无缺的，而正是因为我们的不完美，才有了更加广阔的发展空间。而在对美的追求中，我们的人生也才会变得更加的充实、有意义。

学会欣赏自己，就是要学会欣赏自己身上的优点，能看到自己身上的长处。但是，如果你过于夸大自我感受，就会陷入盲目的自大中去，而那也是一种不健康的心态。因为它会让我们对自己的缺点视而不见，从而不思进取，生活在盲目的乐观之中。

那么，如何做才是真正地欣赏自己呢？

首先，寻找自己的优点。优点就是我们身上的那些长处和发光点。你只有看到自己的优点，才会变得自信。而一个有信心的人，才会对生活充满热情。

但是，从小到大，我们的师长就教导我们做人要谦虚。的确，谦虚是中华民族的传统美德。但是，我们却不应该躲在谦虚的背后而对自身的优点视而不见。我们的祖先留下这条训诫的目的是希望我们不要自满、骄傲。一旦我们内心有了这种不良思想，就会对自身的成长带来不利的影响。但是，正确的谦虚应当是在正确认识自己的基础上然后知不足，而不是让我们抹杀了自信。所以，我们应当谦虚，更应当学会自信。只有这样，才能在生活中变得更有智慧。

其次，正确面对自己的缺点。对待自身的缺点，就更应该理智些了。即不能过于苛刻，也不能过于纵容。有些缺点是我们可以改掉的，这时你就应该尽自己的最大努力去克服。有些却是我们无能为力的，如天生的残疾、自身的容貌等，这时，就应该学会坦然面对。

对待缺点，绝不能姑息，那样只会使我们的缺点慢慢地扩大，最终将我们吞噬。但是，对待自身，也不能过于苛刻。如果你因为自己身上的一两处缺点就把自己全盘否定的话，也会陷入到自卑的深渊中去了。而且有些缺点是我们长期以来形成的，因此改正的过程势必也会是一个长期的过程。急于求成，反而会让我们事倍功半，达不到理想的效果，还会让自己身心俱疲。所以，对待缺点的正确态度应是有则改之，无则加勉。

再次，多给自己积极的心理暗示。我们的思想，决定着我们的活动。你的态度积极，反映在行动上也会积极，对生活中的困难也就会更好地应对。而如果你对生活失去了希望，也只会成为命运手中的一粒棋子。

所以，我们要学会多给自己一些积极的心理暗示。因为潜意识是不分真假的，你怎样发出指令，它就怎样接收，并做出一定的反映。如果你不停地对自己说“我是最优秀的”，那么久而久之，你也会变得积极起来，对生活也就更加充满信心。而你的信心以及乐观的态度又会使你无论在生活还是在工作中都会更加得心应手。如果你总是否定自己，恐怕还没有动手，你就被自己内心的恐惧统治了。所以，我们必须学会积极地调整自己，以更加良好的心态来面对生活。

最后，不要让自己活在别人的眼光里，做真实的自己。世上，有太多的人不是为了自己而活着。他们太在乎别人的眼光、别人的喜好。于是努力使自己去迎合别人，结果最后却失去了自己的本性。

按照他人期望的模式生活，牺牲真正的自我，是天底下最愚蠢的事。因为那样只会让自己成为一具没有思想的躯壳。在这个世界上，每个人都是高贵的。而人之所以高贵的原因，是因为我们是自己的主人。如果你连自己都做不了，只会成为别人眼里的一个可怜虫。

正所谓“众口难调”。无论你怎样努力，都不可能得到每个人的欣赏和喜爱。索性不如做回自己，哪怕会冒天下之大不韪，只要可以保持自己的个性，那么他也是可爱的。

让我们学会欣赏自己，活出自己的个性。只要你学会自信自爱，你的人生就会充满活力与朝气。

不要看扁自己

在我们的一生中，究竟什么是决定人生成功的重要因素呢？是气质还是性格？是财富还是关系？是勇敢还是聪明？这些都不是。最重要的是自己必须相信自己，自己必须看得起自己，只有如此才能在战胜种种困难过后迎来成功。要明白：只有具备相信自己，才能决定我们的人生走向成功。

有一个学生，他一直都在心里问自己“我行吗”。在运动会的时候老师让他比赛，他连连摆手依然问自己：“我行吗?我在运动这方面可没有什么天赋啊。”高考时父亲让他自己填写高考志愿，他一样问道：“除了读书，别的我什么都不懂，让我自己填志愿，我能填得好吗?填坏了可别怨我。”到了外地上学，让他去银行办一张存折，可他一样怀疑自己不行。

他的个子比较小而且比较胖，有时同学们会拿他开玩笑。他虽然嘴里不说什么，但心里感到很难过。于是他开始想办法减胖和增高，为了减肥每天只吃一点蔬菜和水果。结果他经常饿得头昏眼花，为了增高他长时间把自己的手吊起来，以至他时时会手痛。

其实，生活当中，你才是自己命运的主宰，是你生活的推动力。面对挫折和不幸时，相信你自己，相信你不比别人差，这样你才能更好地面对和解决这些挫折。你也不要为所犯的错误而折磨自己，也不必为自身的缺陷而轻视自己，更不要为生活中的不幸而纵容自己。这样只会让你的生活越来越无趣。

那么，怎样才能提高自信心呢？其实很简单也很困难，提高自信心，首先就要学会接纳自己，它包括接受自己的缺点和优点。

接受，是对自己诚实，正视自我的存在，是完全地信任自我的体现；接受，意味着关注自己内心的感受，倾听内心深处的声音；接受，也同样意味着用新的眼光看待自己，意味着使自己完全投入到生活当中，而不是徘徊不前，觉得自己不够资格投身于人生的赛场。我们可以把接受自我，比喻成一个深爱别人的人。当你深爱那个人时，你就知道你应该怎样来对待自己了。爱一个人，是对他（她）打开心扉，容纳他（她）的美与丑、好与坏，是完全的接受他（她）。在这时候就不会去计较他(她)有什么缺点，或者对你的态度，你只是完整地接受、完整地奉献，这就是为什么会说“爱到深处人孤独”，因为这是全情投入、忘我奉献的必然结果。所以，对待自己也需要用爱来对待。

接受自我是自爱的行为，他与自私、自恋有本质的区别。自爱是自我珍惜的情感，意味着接纳自我的同时会去珍爱这个世界。自私却是以个人利益为中心，不顾他人利益的一种选择，而自恋则是一种极端的表现，是三者当中最具危险性的。

自我接受看似简单，实际上它是我们获取进步和发展的先决条件。只有这样自我接受，我们才会更全面地认识自己的行为和性质。进而更自信地评价自己。同时，在接受自己的基础上，要学会自我解嘲。当一个人能够以幽默的方式嘲笑自己的不足时，他就能够获得超然的心境。波希霍汀是一位心理学家，他说过这样的一句话：“不要对自己太过严肃。对自己的一些愚蠢的念头，不妨‘开怀一笑’一定能将它们笑得不见踪影。”是啊，相信自己并不是一件坏事，而是一件让自己走向快乐、幸福的事。我们不妨去试着做做。

美国布鲁金斯学会有一位名叫乔治·赫伯特的推销员在2001年5月20日这天，他成功地把一把斧子推销给了美国总统小布什。这是继该学会的一名学员在1975年成功地把一台微型录音机卖给尼克松后在销售史上所刻写的又一宏伟篇章。

乔治·赫伯特推销成功后，他所在的布鲁金斯学会就把刻有“最伟大推销员”的一只金靴子赠予了他。

布鲁金斯学会创建于1927年，该学会以培养世界上最杰出的推销员著称于世。布鲁金斯学会有一个传统，就是在每期学员毕业时，就会设计一道最能体现推销员能力的实习题，让学员去完成。

克林顿当政期间，布鲁金斯学会设计了这样一个题目：请把一条三角裤推销给现任总统。在克林顿执政的8年时间内，众多学员为此绞尽脑汁，最后都没有成功。克林顿卸任后，布鲁金斯学会把题目换成：把一把斧子推销给小布什总统。

但是，这个题目公布之后，许多学员都认为这是不可能做到的，有的学员认为把一把斧子卖给小布什简直是太困难了，结局和把一条三角裤卖给克林顿一样，会毫无结果，因为现在的布什总统什么都不缺，即使缺少，也不用着你去推销，更不用说他亲自去购买，他完全可以让其他人去购买，而且卖斧子的商家众多，布什不一定会买你的。

但是，乔治·赫伯特却没有产生如此消极的想法，他也没有找任何借口不去做，他认为不管结果如何，只要自己去做了，即使没有结果也没关系，做总比没做好。在他看来，把一把斧子推销给小布什总统是完全有可能的，因为布什总统在得克萨斯州有一个农场，里面长着许多树。于是乔治·赫伯特就给布什总统写了一封信说：“有一次，我有幸参观您的农场，发现里面长着许多矢菊树，有些已经死掉，木质已变得松软。我想，您一定需要一把小斧头，但是从您现在的体质来看，这种小斧头显然太轻，因此您需要一把不甚锋利的老斧头。现在我这儿正好有一把这样的斧头，它是我祖父留给我的，很适合砍伐枯树。假若您有兴趣的话，请按这封信所留的信箱，给予回复……”

在乔治·赫伯特把这封信寄出去不久，布什总统就给他汇来了15美元。

乔治·赫伯特成功后，布鲁金斯学会在表彰他的时候说，金靴子奖已空置了26年，26年间，布鲁金斯学会培养了数以万计的百万富翁，这只金靴子之所以没有授予他们，是因为该学会一直想寻找一个人，这个人不会因为有人说某一目标不能实现而放弃；不因某件事情难以办到而失去自信。

从乔治·赫伯特把斧子卖给布什总统这件事来看，自信对每个人都非常重要。无论我们面临的是学习还是工作的压力，无论我们身处顺境还是逆境，只要我们有自信，就可以用它神奇的放大效应为我们的表现加分。因此，只要我们有信心，在别人看来不成功的事也会有成功的可能，在我们的字典里就不会存在着“不可能”这三个字。

所以我们应该对自己自信一点，千万不要看扁自己，要始终相信自己。这样你才能最大程度地体现出自身的价值，创造更加美好的人生。

你是最棒的

我们总是说：无论做什么，你一定要有自信。此话一点不假。信心是我们内心的支撑，如果没有自信，那么精神的大厦便会崩塌。没有坚定的精神做支撑，也难以做出多大的成绩。

信心，可以使平庸的人成就神奇的事业，也可以使软弱的人重塑内心的那份坚强。而一个没有信心的人，就像被人抽去了筋骨，一点承受挫折的能力都没有。

有一个知名的男模，他的长相可以说是百万人中难选一个，但是他总对自己的容貌产生一些疑问，他对自己的容貌使终没有自信心。他害怕别人向他投来注视的眼光，他和女人约会时，常常感到自己很无趣，很紧张，就因为他脸上有个小得难以觉察的疤痕。尽管他在舞台上接受过许多赞美的眼光，但是他始终对自己脸上的疤耿耿于怀，总担心别人因为这个原因给他不好的评论。

为此他找到了一位很有才华的老人，希望在老人那里学到一些解决的办法。当他见到老人时，老人正在大树下喝茶。当这个男模把来的目的说给老人听时，老人对他说了一句话就再也没有开口了，老人对他说：“如果我是你，我一定对别人说‘我是最好的’。”男模回到家后，经过一夜的思考终于想通了老人的话。此后，男模每天都很快乐，再也不会为自己的一些缺陷而感到伤感了。

不要害怕别人怎么说你，你应该在众人面前大声地说：“我是最好的。”每个人都是最好的，不管你是美或丑，因为你的长相并不是你所能选择的，它是父母给的，所以不要因为长相而感觉自己总是比别人差。

当我们对自己失去信心的时候，要学着改变自己，在心里对自己大声说：我是最好的。那些自我价值建立在外表上的人，他们都害怕自己外表上丝毫的缺点会使别人对他大失所望。不管是在什么时候，当他面对镜子时，都会忍不住要盯住自己细微的缺点看，在心里总是想着怎样来解决这个缺点让它变得完美。所以这个对自己失去信心的恐惧感怎么也挥不去。其实这就是个人心态的问题，如果你一直持有先入为主的成见，不能接受自己身体的某些部分或某些微小的缺点，即使你的长相俊美不凡，你还是会对自己感到不满意。

美不是一种外在的表现，它是内在的，一个人也许外表并不突出，但他能散发出重要性远甚于面貌特征的气息。这些气息有自信、勇敢、聪明、快乐等等。当你拥有了这些气息的时候，你就是最美的，但是换一个角度，如果你鄙视自己，那么，你散发出的气息就会是在无形之中告诉别人：“最好别看我”或“我长得不好，我又不懂得化妆”。到那个时候，你的这种自我批评就会使他人低估你的魅力。

对自己失去信心的人都是失败者，相反那些对自己持肯定态度的人做事一般都会成功。因为，他们对自己有信心，相信自己是最好的，他们总是坚忍不拔地向着更美好的生活前进。对于失去信心的人来说，他们在心里只深信自己是二流的，永远不能走上成功的舞台，不时地会对自己产生讨厌，对自己不太尊重，看不起自己。这些原因，导致了他们在生活当中总是回避生活的挑战，面对需要得到帮助的人，总是不能向前在走一步去帮助他们，始终在想自己的帮助对别人可能根本就派不上用场。其实，我们应该相信一句话：“天生我材必有用”。没有谁是无用的，就看你如何对待自己。否定自己价值的人将会失败，即使不会失败，也是碌碌无为地度过一生。

也许在我们上小学或中学时会有这样的同学，他们对自己的学习一直抱着失望的心态，他们一开始就认为自己不是读书的材料，认为自己没有这个天分，所以等待他们的将会是失败或者平庸的一生。

否定自己的人，常常会身不由己地把注意力的焦点集中在他们最怕暴露的“缺陷”上。一个身材不好的女人害怕别人总是盯着她的身体看；一个脸上有缺陷的人，总是会把别人的注意力往其他的方面转移，不认真看她的脸；一个学习不好的人，当别人问起时，他总是半天不出声或者介入其他的话题。如果我们为自己小小的缺点而自暴自弃，即使别人想替我们破除障碍，提醒我们真正有吸引力的优点，恐怕也是有很大困难的。

生活当中，我们见过一些身体高或矮，或者特别胖的人，也许他会是你的朋友、你的同事。但你注意到他们对自己的态度了吗？他们当中有些人的态度总是那么从容自得，充满自信，根本没想到把他们和社会上一般的标准做比较。他们不会因为自己的身体而减损自信。美与丑，好与坏的评价在于观赏者的眼睛，其他人怎么说并不重要，他人的嘴不是你所能控制的，只要我们能控制自己的心态就够了，只要你相信自己是最好的，那么任他风吹雨打都不怕。

世上万物没有一物是十全十美的，再漂亮的房子也有缺陷，再新潮的电子产品也会有淘汰的时候。世界上最伟大的人物，他们一样有着许多的缺点，但是他们拥有良好的心态，他们都认为，自己不比别人差，自己是最好的。如果你时常对自己有负面评价，并设想别人也如此对你，那么就会模糊了自己存在的意义，这样你的生活就欠缺了光彩。每个人都有自己的缺点和优点，长相好的人或许有一颗狠毒的心；长相一般的人，或许有一颗温柔的心和一副好脾气；事业无成的人，或许孝敬长辈，热心公益，而那些事业有成的人，也许是偷税、走私得来的；学历不高、身份低微的人，或许个性谦虚，工作努力，所以好心态对任何人都十分重要。

科学家们曾做过一个实验：把狗困在一个迷宫似的用木板围成的甬道里，开始狗会拼命往上跳，但结果是每次都遭到电击的惩罚。最后，狗便渐渐地放弃了希望，再也不往上窜了。心理学家把这种现象称为“习得性无力感”。而一个人自信心的丧失也与其有许多相似之处。没有人天生自信，也没有人天生自卑。自信和自卑都是在生活中慢慢地培养起来的。其中造成这种结果的主要原因，就是我们面对困难的态度。如果你能正确地面对困难，就会建立起一种自信。如果在困难面前你总是怀疑自己，否定自己，那么在生活中也会变得越来越无力。一个人的成就永远都不会超出他的信心所能达到的高度。所以，只有建立起自信，你才会有一个不同的人生。

克服懦弱

我们生活在一个和平的年代，这并不代表生活中会少了风浪。虽然没有了战场上的硝烟弥漫，但是一场没有硝烟的战争却正在进行。当今社会的各种竞争的强烈程度已经超过了历史上的任何一个时期。我们所遇到的各种困难仍不可小觑。在生活中，我们更需要的就是一种坚强。

从古至今，性格懦弱之人的归宿无一例外都是以悲惨告终的，无论达官显贵还是王侯将相，都不能逃脱。南唐后主李煜便是一个很好的例子。

李煜出身于帝王家，由于他生性懦弱，最后沦为亡国之君，被鸩酒毒死。

当时，宋太祖肆无忌惮，得寸进尺地欺压南唐，他在荆南制造了几千艘战船，以谋江南。当时的镇海节度使林仁肇听说后，便上书李煜，请求带兵迎敌。他请求李煜给他数万精兵，出寿春，据正阳，利用那里积蓄多年的粮草以及当地人怀念旧国的优势，收复疆土。起兵时，可以散布谣言说他举兵谋反，如此宋朝定无防备，便可攻其不备。

但李煜听后，却吓得脸色发白，说这是引火烧身之策，万万不可，于是错失了一次作战良机。

后来，沿江巡检点绛也前来献策，但也被李煜拒绝，使他失去了防御宋军南侵的另一次机会。

为了保全自己，李煜又想到了另一个办法，那就是向宋朝称臣纳贡，这样就免得他兴师动众，出兵征讨了。于是便给宋太祖写了一份上表。但是，这一切并没有阻止宋太祖的野心。宋太祖不但没有答应，还将他前去上表的弟弟扣押在京城。

后来，李煜又听信馋言，诛杀了林仁肇。而这又中了宋太祖的计策。因为宋太祖了解林仁肇的才能，知道他会成为自己攻取南唐的一大障碍，但自己又无能为力，于是便用了一个反间计。

宋太祖谋取江南之际，南唐中书舍人潘佑也多次向李煜上书，提出一系列的治国方针。李煜虽对其主张大加赞赏，但却从未付诸实施。结果，潘佑连上六道奏章，都如石沉大海，没有半点音讯。潘佑忍无可忍，又上一道奏书。在这篇奏书里，他言辞激烈，而且把矛头直指李煜。李煜见后大怒，此时又有朝臣一旁怂恿，李煜于是不分清红皂白，命人从速捉拿潘佑。结果害得潘佑含恨自尽。

林仁肇和潘佑不仅是当时不可多得的重臣，还是大江南北诸国敬畏的名人。李煜诛杀他们，不仅让自己少了两个栋梁之臣，而且也引起了各方的不满。

宋太祖闻听李煜的所作所为之后，心中暗喜，认为取南唐的时机已到。他便在京城给李煜修建一座宅院，召李煜乔迁，但李煜不受。于是他又想了一个办法，派人对李煜说，朝廷准备修天下图经，惟独缺少江南的版图。李煜自然明白这是什么意思，居然派人把自己国家的版图给宋太祖送去。宋太祖掌握了江南的地形及人丁数目，便胸有成竹地派兵直取江南。这时李煜才知道大势已去。当时朝中又有人建议组织敢死队，趁夜色出城，打宋军个措手不及，但生性懦弱的李煜还是没有同意。

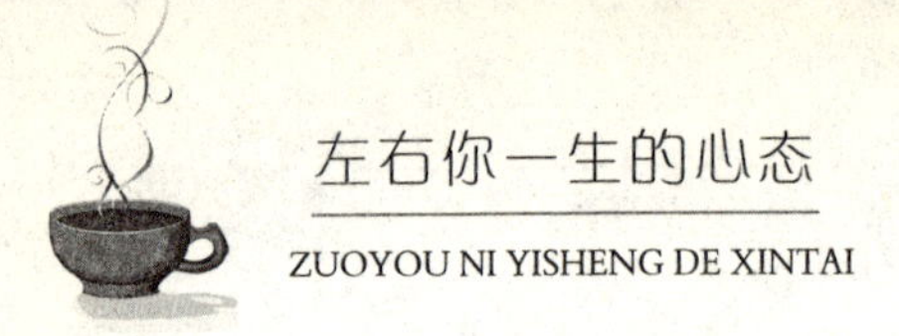

最后，李煜被俘，成为宋朝的阶下囚，被封为“违命侯”。

一天，乌云密布，空中飘着细雨。囚禁李煜的宅第传出凄楚的歌声。这是侍妾们在为李煜祝寿，而她们吟唱的是李煜最近醮着血和泪铸就的一阕《虞美人》。而就是这阕词，为李煜招来了杀身之祸。原来宋太宗在李煜的周围设下了许多的耳目。这阕词被躲在暗处的耳目记下，然后报入宫中。宋太宗一直都打算谋害李煜，正愁没有理由，于是就以此为借口，派人送去一壶酒，将李煜毒杀了。

李后主就这样不明不白地死去了。害死他的凶手是谁，难道不是他自己的懦弱吗？古往今来，懦弱者的结局几乎都是千篇一律，很少有善终者。懦弱的人总是不敢面对困难，总是逃避现实，他们没有勇气去和困难抗争，最后只能落得悲惨的下场。

生活中，总是充满坎坷的。无论你身份多么高贵，地位多么显赫，无一不是如此。我们应该培养自己面对困难的勇气，不能一遇到挫折就来个“驼鸟政策”，那样只会自欺欺人，不会对我们有任何帮助。其实，如果我们可以多一些勇气，就会发现好多事情是可以解决的，只是我们总是不相信自己。击败我们的，往往不是挫折和困难，而是内心的怯懦和勇气。

勇气也是可以培养的。如果你现在正缺少勇气的话，试试下面这些方法，或许会对你有所帮助。

首先，参加一些体育锻炼，尤其是一些具有冒险性的活动，如登山、跳伞等。研究表明，一个身体强壮的人在面对困难时比一个身体虚弱的人更能承受压力。多参加一些冒险性的运动，可以锻炼我们的勇气，并且使我们在面对困难时可以更加从容地应对。许多冒险家，他们身上的那种勇气就是这样锻炼出来的，因此，在生活中他们应付各种棘手的问题时也就可以得心应手。另外，它还可以磨炼我们的心志，使我们在生活中可以增加智慧。

其次，调整好自己的心态，建立自信。信心是一个人的精神支柱，是产生勇气的源泉。如果一个人不相信自己，那么心志就会发生动摇。而怀疑和恐惧却是激发我们体内潜能的最大敌人。一个人的潜力是无限的，最关键的是要让自己迈出第一步。一旦你迈出了这一步，你会发现事实并没有你想象的那样困难。信心的建立可以通过一种心理暗示的方法，每当遇到困难，你应该告诉自己完全可以有能力将它解决；再就是多想一想自己的优点，这并非让你妄自尊大而闭目塞听，而是让我们消除对自己的那种负面想法，建立起积极的心态。当你的心中充满阳光的时候，勇气自然而然也就会产生了。

再次，学会把困难分解。困难做为整体，可能真的很难解决。但如果把他们分割成小部分再去解决，可能就会好多了。当然，也许有些部分是我们无论如何都没有办法解决的。没有关系，因为当你把能解决的问题解决之后，你就会发现虽然有些部分自己还是无能为力，但是它在你面前却已经小多了。

总之，勇气是可以培养的，懦弱是可以克服的，只要你有意识地让自己去改正，那么终有一天你会将它消灭，克服懦弱的性格，否则你只会成为生活的牺牲品。

勇气常留身边

勇气，是面对困难时我们所应采取的态度。人生，就是一场战斗，能在这场战斗中获胜的永远都是那些有勇气的人。他们敢于面对常人难以面对的困难，从不会向生活投降，以自己的智慧和勇气克服着路上的一切困难。挫折不但不能将他们击垮，反而会激发出他们的斗志，让他们更加强大。这样的人，我们称之为英雄。

英雄难当，否则英雄也就不会这么珍贵了。因为面对困难，选择逃避似乎更加容易，因为那不需要费任何力气。若坚持下去，却要让自己备受心灵的煎熬。放弃不会让我们失去什么，但同样也不会得到什么。想要得到，就得做出巨大的牺牲。所以，凡是登上成功之巅的人，几乎没有一个不是伤痕累累的。

让克莱斯勒汽车从破产边缘起死回生的艾科卡说：“即使遭逢逆境，仍该奋勇向前；即使世界分崩离析，也不能气馁。”

每个人都会遇到自己无法逾越的困难。此时，你会如何做呢？对于大多数人来说，或许会选择放弃，因为那样不会费任何力气。否则，你只能让自己在身与心的煎熬中度过。

世界上最容易的事就是坠落，就如同苹果熟了自然会掉落一样，那几乎成为人类的劣根性。但是，放弃的代价却是惨痛的，因为那样就意味着你不再得到。如果让它成为生命中的一种习惯，那么最终你将一事无成。

逆境，每个人都会遇到，但是其结果却完全不同。有的人在逆境中一蹶不振，或慢慢消沉下去；而有的人则经受住生活的磨练，最终破茧为蝶。

爱迪生曾经说过："一个人先要经过困难，然后踏进顺境，才觉得受用、舒服。"从逆境中走出的人，心智才会更加成熟，对生活的感受也会更加深刻。如果你不能从中走出的话，它就会成为埋葬你的坟墓。

如何才能从逆境中走出呢？那就是让勇气常留心间。

邱吉尔是英国的首相，他的名字几乎尽人皆知。因为二战期间，他不畏德国法西斯的淫威，知难而上，不仅渡过了难关，而且最终赢得了战争的胜利。

二战时期，邱吉尔临危受命，担负起了领导英国人民抗击法西斯的重任。当时德国已经占领了法国，英国处于孤立无援的境地。而当时德国的武器非常先进，但曾经自称"日不落帝国"的英国的武器装备却严重不足，能够对付纳粹进攻的各种野战炮总共不到500门，而且英伦三岛除了步枪之外，几乎没有别的先进武器。当时希特勒认为对付英国已是"稳操胜券"，甚至认为邱吉尔会临阵脱逃。但邱吉尔不但没有逃避，反而以极其强硬的态度带领英国人民共同抗战。

当时的德国强大得令所有的人都感到害怕，因为它仅仅用了3个月的时间就灭掉了法国，所以邱吉尔当时的压力也就可想而知了。德军派出了大量战机对英伦三岛进行狂轰滥炸，英国的经济和人民的生命财产安全受到了严重的威胁。但是，英国人民却在邱吉尔的带领下表现出了誓死保卫祖国的坚定信念。整个战争期间，邱吉尔都是在一座楼房下面的作战指挥室里度过的。他经常到战场视察，这大大地鼓舞了士兵和人民的勇气。

当时仅靠英国的力量是不可能战胜法西斯德国的，他们只能联合其他的国家共同作战。当时可以和他们结成联盟的只有前苏联和美国，但德苏之间已经签订了《互不侵犯条约》，所以，能够跟他们合作的，便只有美国了。邱吉尔说服了罗斯福总统，争取到了美国的援助。两国结盟后，反法西斯阵容得到了空前的加强，大大地鼓舞了世界各国人民的士气。

第二次世界大战期间，特别是英军孤军奋战的那些日子里，邱吉尔表现出了非凡的勇气。艰苦的环境能考验人、锻炼人，也最能说明一个人的才干。面对德军不可战胜的神话，他没有退缩，而是勇敢地举起了抗战的大旗。在他的带领下，英国人民最终赢得了这场胜利，世界也赢得了胜利。大战期间，也是邱吉尔最辉煌的时刻，而他那种迎难而上的精神和大无畏的勇气，也深深地赢得了英国人民的爱戴与信赖，因此成就了自己的辉煌人生。

艰苦的环境磨炼一个人，也造就一个人。勇气，引导人们从困境中走出。而一个真正从困境中走出的人，也一定会有一个不凡的人生。

拿破仑的名字几乎无人不晓。这个小个子的科西嘉人带领他的军队横扫欧洲，建立了辉煌一时的法兰西帝国。

有人甚至说，拿破仑代表了欧洲近代史上的一个时代，因为他曾经决定了整个欧洲的命运。在他驰骋政坛的岁月里，法国作为欧洲盟主的地位几乎是不可动摇的。他的一生颇具传奇色彩。因为他没有任何背景，但却依靠自己的力量成为法兰西的最高统治者。之所以能取得这样的成就，与他勇敢的性格是分不开的。

在地中海，有个叫科西嘉的小岛。这个小岛曾经名不见经传，但却因为一个人的诞生而变得举世闻名。这个人就是拿破仑。

由于小岛与世隔绝，所以还残留着许多氏族社会的遗风。人们对暴力、流血、屠杀等现象习以为常。当然，科西嘉人也有许多优良的品质，如勇敢、坚韧、淳朴等。在这种环境中生长起来的拿破仑，也养成了勇敢好斗的性格，从而使他在今后的生活中可以克服重重困难，在法国政坛中纵横捭阖。

拿破仑是父母的第二个儿子，父母对他格外钟爱。而“拿破仑”的意思便是“荒野里的狮子”。很小的时候，拿破仑好斗的性格便充分体现出来。他在后来的回忆中曾经说过：“什么我都不在乎，我喜欢争吵、打架，我谁都不怕。见了什么人，我不是打，就是抓。”而且拿破仑从来不会向别人低头，哪怕自己会受皮肉之苦。

8岁的时候，拿破仑被送入了学校。但他的性格丝毫没有收敛，是个让老师头疼的学生。两年之后，他又被送到了法国布里埃纳军事学校学习。而这成为他生命中的一个契机。因为如果没有军校里的拿破仑，法国历史也许就会寂寞很多。

当时，在这所学校就读的都是法国的贵族子弟。这个小个子的科西嘉人经常成为他们嘲笑的对象。尤其是拿破仑声称自己是贵族的后代，但是却穿着不合体的衣服，口袋里空空如也，因此更加引来了那些贵族子弟的讥讽。对于一个10来岁的孩子来说，那种痛苦是可想而知的。他用拳头维护着自己的尊严。周围的同学领教了他的拳头之后，再也不敢轻易冒犯他了。这就是拿破仑。无论遇到什么样的环境，都会勇敢地面对。

再后来，拿破仑转到巴黎军官学校继续求学。但不久，父亲去世。这对他是一个沉重的打击。他不得不离开学校，到部队服役。

拿破仑第一次展露才华是在夺取王党占领的土伦城的时候。当时他被任命为炮兵指挥官。他指挥军队击溃了叛乱的王党军队，并因其杰出的军事才华而成为驻意大利的炮兵指挥官，成为法国举国上下瞩目的人物。

正当他踌躇满志的时候，不幸却再次降临。法国内部发生了政变，拿破仑也被捕入狱。虽然4天之后，他便得到了释放，但是他的生活和事业却陷入了低谷。寒冷和饥饿折磨着这头“荒野里的狮子”。他的精神几乎到了崩溃的边缘，甚至产生了自杀的念头。如果是别人，也许会就此沉沦下去。但拿破仑毕竟是拿破仑，他有着超出常人的勇气。他没有成为命运的俘虏，也没有轻易地向逆境、挫折低头让步。他以别人难以想象的毅力和勇气，渡过了生命中最黑暗的时刻。

英国思想家培根说过这样一句话：“如果问人生最重要的才能是什么，那么回答是：第一，无所畏惧；第二，无所畏惧；第三，还是无所畏惧。”

《成功心理学》的作者沃尔特·彼特金也说过，只需唤醒人们创造的胆识，成千上万的年轻人就能够两倍、三倍甚至四倍地增加其杰出的才干。而由于我们缺少勇气，我们心甘情愿地埋没了自己。

人体是一座未开发的宝藏，而勇气就是发掘这座宝藏的利器。事情往往就是这样，当你做了，你才发现他并没有你想象的那样强大，是我们内心的放大镜把它放大了。而那些对其视而不见的人反而就会取得成功，因为无知也是会生出勇气来的。

当然，勇气如果只是建立在无知的基础上，那么只能是蛮干。我们所需要的是智慧的勇气，是克服内心的怯懦，是一种对自我的高度自信。如果你能做到，那你就会踏上一条辉煌路。

第六章 体谅他人的心情

人活在世界上并不是一种简单的存在形式，每个人身上都蕴藏着巨大的潜能，你应当充分利用自己生命中的每一时刻。有许多人的生存状态可谓是半死不活，日复一日、周而复始地重复着同样的工作，没有生活目标和方向。

学会宽容

雨果说过："世界上最宽阔的是海洋，比海洋更宽阔的是天空，比天空更宽阔的是人的胸怀。"

一个人只有学会宽容，才有包容万物的气度，他的胸怀便如大海般宽广，任波浪滔天，一切尽在掌握。宽容是每个成大事的人所必须具有的素质，他可以吸收所有人的力量而为我所用，他可以集合所有人的智慧铸就自己的辉煌。

宽容是一种美，深邃的天空容忍了雷电风暴一时的肆虐，才有风和日丽；辽阔的大海容纳了惊涛骇浪一时的猖獗，才有浩淼无垠；苍莽的森林忍耐了弱肉强食一时的规律，才有郁郁葱葱。泰山不辞方土，方能成其高；江河不择细流，方能成其大。宽容是壁立千仞的泰山，是容纳百川的湖海。

因为你的宽容，亲人爱护你；因为你的宽容，朋友信赖你；因为你的宽容，同事喜欢你；因为你的宽容，你周围所有的人都会接受你的存在，欢迎你的到来，这就是宽容的力量。你是否有一颗宽容心，是你有必要去仔细想想的问题。

林肯总统对政敌素以宽容著称，后来终于引起一议员的不满，议员说："你不应该试图和那些人交朋友，而应该消灭他们。"林肯微笑着回答："当他们变成我的朋友，难道我不正是在消灭我的敌人吗？"多么富有哲理的语言！多一些宽容，公开的对手或许就是我们潜在的朋友。林肯能够得到那么多人的尊敬和爱戴，原因也许就在于此吧！

与朋友交往，宽容是鲍叔牙多分给管仲的黄金，他不计较管仲的自私，能理解管仲的贪生怕死，还向齐桓公推荐管仲做自己的上司。

拿破仑在长期的军旅生涯中养成了宽容他人的美德。作为全军的统帅，少不了训斥部下，但他每次都能照顾到士兵的情绪。他对士兵的这种尊重，也使整个军队更加团结，手下的将领也更愿意为他卖命，而这种凝聚力也让他的军队成为一支攻无不克、战无不胜的劲旅。

在一次战斗中，拿破仑夜间巡岗时发现一名巡岗士兵倚着旁边的大树睡着了。他并没有责骂他，也没有将他叫醒，而是拿起他的枪替他站起了岗。士兵醒来后见到主帅，心中十分恐慌，急忙向拿破仑请罪，但拿破仑却很和蔼地对他说："你们作战很辛苦，又走了那么远的路，打瞌睡是可以原谅的，但是目前一疏忽就有可能送了你的小命，我不困，所以替你站了一会儿，但下次一定要小心。"

正是因为拿破仑的这种宽容，让他在士兵中树立了很高的威信，所以他的士兵才可以横扫欧洲，建立了法兰西帝国。

与众人交往，宽容是光武帝焚烧投敌信札的火炬。刘秀大败王郎，攻入邯郸，检点前朝公文时，发现大量奉承王郎、侮骂刘秀甚至谋划诛杀刘秀的信件。可刘秀对此视而不见，不顾众臣反对，全部付之一炬。他不计前嫌，化敌为友，壮大自己的力量，终成帝业。这把火，烧毁了嫌隙，也铸炼坚固的事业之基。

你要宽容别人的龃龉、排挤甚至诬陷。因为你知道，正是你的力量让对手恐慌。你更要知道，石缝里长出的草最能经受风雨。风凉话，正可以给你发热的头脑"冷敷"；给你穿的小鞋，或许能让你在舞台上跳出曼妙的“芭蕾舞”；给你的打击，仿佛运动员手上的杠铃，只会增加你的爆发力。睚眦必报，只能说明你无法虚怀若谷；以牙还牙，也只能说明你的“牙齿”很快要脱落了；血脉贲张，最容易引发“高血压病”。“一只脚踩扁了紫罗兰，它却把香味留在那脚跟上，这就是宽恕。”

在世界上，每个人都得生活、工作，都得接触社会。在居家过日子及繁琐的工作中，难免会发生矛盾，出现这样或那样的失误与差错。在这时，如果你不让我，我不让你，很容易引发家庭矛盾和同事的争斗。不能原谅自己或他人所出现的失误与差错，就会给自己和他人增加心理上的压力和影响今后的正常生活与工作。因此，我们需要学会宽容，“容人须学海，十分满尚纳百川”，懂得宽容待人。

宽容待人，就是在心理上接纳别人，理解别人的处世方法，尊重别人的处世原则。我们在接受别人的长处之时，也要接受别人的短处、缺点与错误，这样，我们才能真正地和平相处，社会才显得和谐。

宽容是人类文明的惟一考核标准。“宽以济猛，猛以济宽，宽猛相济”、“治国之道，在于猛宽得中”，古人以此作为治国之道，表明宽容在社会中所起的重要作用。宽容，是自我思想品质的一种进步，也是自身修养、处世素质与处世方式的一种进步。

戴尔·卡内基不主张以牙还牙，他说：“要真正憎恶别人的简单方法只有一个，即发挥对方的长处。”憎恶对方，恨不得食肉寝皮敲骨吸髓，结果只能使自己焦头烂额，心力尽瘁。卡内基说的“憎恶”是另一种形式的“宽容”，憎恶别人不是咬牙切齿吃掉对手，而是吸取对方的长处化为自己强身壮体的钙质。

在现实生活中，有许多事情，当你打算用愤恨去解决时，你不妨用宽容去试一下，或许它能帮你实现目标，解决矛盾，化干戈为玉帛。生活中，不会宽容别人的人，是不配受到别人宽容的。但我们也不能一味地把退让、迁就也当作是一种宽容，当作是与人相处的最好方法。于是，我们就在现实生活中，处处退让、迁就，把自己的地位与做人标准都放弃了，那样，我们就对别人的错误一味地迁就，导致更大的错误发生，同时，我们也就失去了主宰自己的能力。这样的宽容是对别人和自己最不负责的表现，也是一种心理上的犯罪。宽容，生活中的一门技巧，宽容一点，我们的生活或许会更加美好。

一个人的胸怀，决定一个人的气度。一个人的气度，又决定了一个人的作为。无论是谁，要想成功，就要获取别人的帮助，这就需要我们学会容人。如果你心中只有自己，那么能利用的也只有自己，就算你再有才华，也难以做出多么辉煌的业绩。

宽广，就要求我们要学会宽容，可以原谅曾经伤害过我们的人或事。必竟，一个人最大的痛苦不是遭遇痛苦，而是让自己沉浸在痛苦中不能自拔。所以，何妨给别人一次改过的机会，而自己也可以收获一份平静，何乐而不为呢？

宇宙由于宽广，所以才有了众多的生命，这个世界才充满了生机；大海因为宽广，所以才可汇聚涓涓细流，才有了波浪滔天的壮观；胸怀只有宽广，才能集聚众人的智慧，才能成就一番伟业。

别让自私毁掉自己

从前，有个喜欢穿贵重皮衣和吃精美食物的有钱人。一天，他想炫耀自己的财富，便想做一件价值一千两银子的皮衣。自然没有那么多的皮子，他就去同老虎商量，要剥它的皮。这个人的话还没有说完，老虎就没命地逃入了崇山峻岭。有一次，这个人想办一桌主要用羊肉做材料的丰盛的宴席，便去和羊商量，要割它的肉，同虎一样，羊也一个个躲进了密林深处。就这样，这个人没有办成一桌羊肉酒席。

“老虎啊老虎，我能剥你的皮吗？”“羊啊羊，我能割你的肉吗？”有钱人央求并没能获得老虎和羊的回应，结果一个逃入了崇山峻岭，一个躲入了密林深处。并不是老虎和羊太狠心，只是有钱人过于自私。剥了皮，割了肉，它们还能活吗？寓言中的有钱人只想得到自己梦寐以求的皮袍和美食，却忽略了对方的利益需求，这是其挫败的根本原因。在这个有钱人的处世观念中充斥着浓浓的自私与利己。只因为想做个皮袍子，办桌丰盛的宴席就不惜剥别人的皮，割别人的肉。为满足自己的虚荣，而让别人付出沉重的代价。这种观念根本就不是合作，是恨不能把天下所有的东西都供我驱使的极端自私主义思想，这样的人注定失败。

自私是一种较为普遍的病态心理现象。其行为体现为：只顾自己的利益，从不会顾及他人、集体、社会乃至国家的利益，常有的变现就是损人利己、损公肥私等。自私也有程度上的不同，比较轻微的体现在计较得失，有私心杂念，不讲公德，而严重的则体现在为了到达自己的目的，侵吞公款，诬陷他人，杀人越货，铤而走险。

自私的人除了为了达到自己的目的，完全不顾别人的感受外，往往还会显示在对别人的冷漠无情上。下面我们来看看一对夫妇因为自私而变得冷漠无情，最终酿下的恶果。

古希腊有一句话说:“自私是一切天然与道德的罪恶根源。”

一位虔诚的教徒受到天堂和地狱问题的启发，希望自己的生活过得更好，他找到先知伊里亚。

“哪里是天堂，哪里是地狱？”伊里亚没有回答他，拉着他的手穿过一条黑暗的通道，来到一座大厅，大厅里挤满了人，有穷人，也有富人，有的人衣衫褴褛，有的人珠光宝气。在大厅的中央支着一口大铁锅，里面盛满了汤，下面烧着火，整个大厅中散发着汤的香气。大锅周围挤着一群两腮凹进，带着饥饿目光的人，都在设法分到一份汤喝。

但那勺子太长太重，饥饿的人们贪婪地拼命用勺子在锅里搅着，但谁也无法用勺子盛出来，即使是最强壮的人用勺子盛出来，也无法把汤靠近嘴边去喝。有些鲁莽的家伙甚至烫了手和脸，还溅在旁边人的身上。于是大家争吵起来，人们竟挥舞着本来为了解决饥饿的长勺子大打出手。先知伊里亚对那位教徒说：“这就是地狱。”

他们离开了这座房子，再也不忍听他们身后恶魔般的喊声。他们又走进一条长长的黑暗的通道，进入另一间大厅。这里也有许多人，在大厅中央同样放着一大锅热汤。就像地狱里所见的一样，这里勺子同样又长又重，但这里的人营养状况都很好。大厅里只能听到勺子放入汤中的声音，这些人总是两人一对在工作：一个把勺子放入锅中又取出来，将汤给他的同伴喝。如果一个人觉得汤勺太重了，另外的人就过来帮忙。这样每个人都在安安静静地喝。当一个人喝饱了，就换另一个人。

先知伊里亚对他的教徒说："这就是天堂。"

心胸狭隘的自私鬼都在地狱中。因为自私不懂得分享的美好，无论如何谁也喝不到汤。如果你自私，就只能下地狱，挥舞大勺和其他的自私鬼们争斗，大打出手，可你们谁也喝不到汤。这就是自私者的结局，实在是可怜。

任何人都不要专顾自己的好处，一点不想到别人。自私的人是最讨人厌的人，人与人过着一种共同的生活，本来应当彼此帮助，彼此顾念，这样才能发生感情和友谊。如果一个人只顾自己的好处，就足能招来别人的厌烦和恶感，何况人一存自私的心不但不顾别人，还要夺取别人的好处归于自己，在这种情形之下，他会做各种损人利己的事，不用说受过他损害的人要厌恶他，就连未曾受过他损害的人也厌恶他。

一个人如果常自私地想别人应当爱他，他得了别人的恩惠一定不知道感激，而且还常会对别人说出不满意的言语来，责怪别人待他不好。他总觉得别人照他所希望的待他好，不过是别人当尽的本分。如果别人不能成为他所希望的那样好，他便觉得别人亏负他，对不住他。这样的人对任何人都不满意，没有好感，纵使别人竭力爱他，也不会使他满足感恩。这种人的自私是无止境的。请问谁能喜欢与这种人同处与这种人相交呢？

一个人若不愿意做这种讨厌的人，就当想到自己本没有权利要求别人的爱，而应该首先去爱别人。无论是家中的人，是朋友，是邻舍，是同学，是同事，是亲戚，我们总不该要求别人的爱，我们应该学会不要太自私。别人为我们做了什么事，不论是大是小，是多是少，我们都应当表示谢意。一个人如果这样做了，就很容易获得周围人的欢迎，得到别人的关爱。

一个美国士兵打完仗回到国内，在回家之前他先给自己的父母打电话。

他显然有些迟疑："我快要到家了！我想请你们帮我一个忙，我要带我的一位朋友回去。""当然可以了，我们非常欢迎。"父母终于可以见到自己的儿子了，他们都非常的高兴，"我们见到他一定会高兴的，我们会好好招待他的。"

儿子有点为难地说："他在战斗中受了重伤，失去了一只胳膊和一条腿。他无处可去，我希望他能来我们家，和我们一起生活，我希望你们能接受他。"

父母沉默了一会说："孩子，你要知道，一个受了这么重的伤的人，一旦来到我们家，就意味着我们要照顾他一辈子，这是一件非常痛苦的事情。"儿子听后还是坚持要让那个人和他们住在一起。

父母似乎有点不高兴了："你怎么就是不明白呢，你要是把这样一个人带回家，并且要长期住下去，那样，会给我们带来很大的负担的。"儿子没有再说话，他挂断了电话。

此后儿子再也没有打电话回家，父母为儿子的事非常着急，他们似乎觉得自己当初不应该拒绝儿子，应该答应他的要求。可一切都已经来不及了。几天后，父母接到了儿子的部队打来的电话，部队方面的人在电话里告诉这对夫妇，他的儿子从高楼上坠地而亡，希望他们能赶快过去处理一下。

悲痛欲绝的父母终于见到了儿子，在停尸间里，他们发现，他们的儿子只有一只胳膊和一条腿。

夫妇的自私、冷漠，让儿子悲痛欲绝，他不想拖累父母，最终走上了不归之路。

苏格拉底曾用这样一句话告诫人们："德行不出于钱财，钱财以及其他一切公与私的利益却处于德行。"自私正是对德行的背离，一个自私的人并不仅仅体现于注重钱财，他们事事都会以自己为中心，他们考虑问题的出发点是"是否对自己有利"，并按只对自己有利的方面去行动，期间完全不会顾及任何人，这就是他们全部的生活基础。

无论从哪个方面来讲，自私对人的危害都是非常大的，一个自私的人不会有真正的朋友，一个自私的人不会受到别人的尊重，一个自私的人永远都无法体会到真正的快乐，更无法获得成功。一个雄心勃勃的人，如果不能首先克服自私，任何有价值的接近真善美的目标都难以实现，并且最终还会被自私所拖累，导致一切都变成泡影。

杜绝牢骚满腹

许多人总认为自己学富五车、才高八斗，却总觉得生不逢时，得不到老板的赏识和提拔。于是经常私下抱怨、牢骚满腹，一副怀才不遇的模样。

但是，不管现实怎样，努力才是首要的，而抱怨会让你失去更多。

有一位年轻的修女，进入修道院以后，她一直在从事织挂毯这项工作。做了几个星期之后，她终于开始抱怨道："给我的指示简直不知所云，我一直在用黄色的丝线编织，突然又要我打结、把线剪断，完全没有道理，真是浪费，我简直干不下去了。"听见她的抱怨，在另一旁织毯的一位老修女说道："孩子，你的工作并没有浪费，你织出的那很小一部分，其实是非常重要的一部分啊。"老修女带她走到工作室的隔壁，在一幅摊开的挂毯面前，年轻的修女看呆了。原来她编织的是一幅美丽的"三王来朝图"，黄线织出来的那一部分正是圣婴头上的光环，看起来是浪费且没有意义的工作，原来竟然是那么的伟大。

有一句话说的好，如果你想抱怨，生活中一切都会成为你抱怨的对象；如果你不抱怨，生活中的一切都不会让你抱怨。你发泄着不满，却很难确定能解决什么，但有一点是肯定的：你的抱怨不仅会使你越来越累，还会把别人说得疲惫不堪，让别人看到你就惟恐避之不及，这样你的生活永远都没有起色。

因此，不要抱怨你的单位不好，不要抱怨你的上司不好，不要抱怨你的工作差、工资少，也不要抱怨你空怀一身绝技没人赏识你。现实有太多的不如意，就算生活给你的是垃圾，你同样能把垃圾踩在脚底下，登上山峰之巅。

要知道，成功不会在一夜降临。如果你还没有获得提升，不要抱怨怀才不遇，或急于跳槽，要知道，是金子，总会发光的。

有一点我们必须知道：抱怨于事无补，并且只会让事情变得更糟。那些喜欢终日抱怨的人，不能改变这种恶习，就没有办法获得成功。李某是北京一所名牌大学的毕业生，能说会道，各方面都表现得不同凡响。他在一家私营企业工作2年了，虽然业绩很好，为公司立下了汗马功劳，可就是得不到老板的提升。

李某心里有些不舒畅，常常感叹老板没有眼力。

一日，和同事喝酒时李某发起了感慨："想我自到公司以来，努力认真，试图在事业上有所成就，我为公司建立了那么多的客户，业绩也很不错。虽然兢兢业业，成就人所共知，但是却没人重视、无人欣赏。"世上没有不透风的墙，本来老板准备提升李某为业务部经理，得知李某之言，心里着实有些不是滋味，后来放弃了提升他。

李某之所以得不到老板的提升，就在于他不了解老板的心理，而只是一味地从自己的利益出发抱怨没有识才的"伯乐"。

试想，作为一个老板，谁愿意被人认为是不识人才的无能之辈呀？李某这样说不等于是在贬低老板没有能力吗？

因此，不要轻易抱怨。如果你也如此，还是赶快停止你的抱怨吧，让烦躁的心情平静下来。事实上，你所埋怨的那些东西，并不是导致你未能得到别人喜欢的根本原因，至多也只是原因之一而已。

你之所以不能成功的根本原因还在于你自己，只有你自己在行为上真正改变过来，从思想根源上认清问题，好好想清楚自己，才能改变你所面临的困境。你的抱怨行为的本身，正说明你倒霉的处境是咎由自取——抱怨正是导致你身处艰难的罪魁祸首。现在，我们来审视、思考一下自己吧，问自己几个问题：你的自我形象是否令人满意？你是否对自己感到坚定自信？你觉得自己是否有担当重任的能力？你平常的工作水平是否非常突出？你和老板、同事关系是否良好和谐？

如果你的回答是肯定的，那么你的确是一个值得别人信任、受别人欢迎的人。常常抱怨的人，终其一生都不会有真正的成就，我们没有必要心存抱怨，吹毛求疵和抱怨于事无补，只有通过努力才能改善处境。

如果你想在生活和工作中拥有一份好心情，你就要杜绝你那满腹牢骚的行为，避免在抱怨中浪费时间。

自我调节情绪

人们的情绪是可以由自己掌控的，每个人都可自我调节情绪。弗夫·霍华德说：“对消极的情绪有一个明确的了解，就可以消除它。”只要能清楚地了解到使我们情绪变坏的真正原因，并可以坦然地面对，每个人都可以对自己的情绪做出调整。

当人们遇到一些烦心事的时候，千万不要到处发牢骚，这样做往往不但不能对自己的坏情绪做出有效的调整，也会对别人的情绪造成一些影响。既然我们已经被坏情绪所困扰了，又何必让别人和自己一起不快乐呢？真正的快乐不仅仅只是一个人的快乐，是所有人的快乐，所以我们应该对别人多一些笑容，在看到别人开心生活的同时，我们自己也会因此而变的心情舒畅，那么，一些不良的情绪也会因此而得以缓解。其实，有些人喜欢把自己的不愉快向别人诉说，也许对调整自己的情绪会有一些帮助。可是要明白，当别人听到我们诉说痛苦的时候，他们的心情也会因此而变得低落，尤其是对一些并非情同手足的朋友诉说自己的烦恼，他们表面上会表现得很同情，可实际他们的内心也会因你的这种行为会感到有些不愉快。再看看那些生活真正快乐的人，他们之所以可以一直快乐地生活着，往往是因为他们懂得把快乐带给别人，通过这种方式对自己原本不好的情绪做出调整，从而使自己获得快乐。

那些允许其情绪控制自己行动的人，都是弱者，真正的强者会迫使他的行动控制其情绪。一个人受了嘲笑或轻蔑，不应该窘态毕露，无地自容。如果对方的嘲笑中确有其事，就应该勇敢地承认，这样对你不仅没有损害，反而大有裨益；如果对方只是横加侮辱，盛气凌人，且毫无事实根据，那么这些对你也是毫无损失的，你尽可置之不理，这样会益发显现出你的人格。有的人在与人合作中听不得半点“逆耳之言”，只要别人的言辞稍有不恭，不是大发雷霆就是极力辩解，其实这样做是不明智的。这不仅不能赢得他人的尊重，反而会让人觉得你不易相处。采取虚心、随和的态度将使你与他人的合作更加愉快。

美国总统罗斯福年轻时体力比不上别人。有一次，他与人到白特兰去伐树，到晚上休息时，他们的领队询问白天各人伐树的成绩，同伴中有人答道：“塔尔砍倒53株，我砍倒49株，罗斯福使劲咬断了17株。”这话对罗斯福来说可不怎么顺耳，但他想到自己砍树时，确实和老鼠营巢时咬断树根一样，不禁自己也好笑起来。可以说罗斯福的成功，正得益于他的这种对自己情绪的控制。当然，能否很好地控制自己的情绪，取决于一个人的气度、涵养、胸怀、毅力。历史上和现实中气度恢宏、心胸博大的人都能做到有事断然、无事超然、得意淡然、失意泰然。正如一位诗人所说：忧伤来了又去了，惟我内心的平静常在。

有一个读书人，家里非常穷，连续几次考试落榜后便凑了些钱做生意，没想到又赔了个精光。他非常苦闷，便来到山上向一位老禅师诉起了苦。

老禅师听完他的诉说之后便带他来到一间禅房，禅房里有一张桌子，桌子上放着一杯水。老禅师对这个读书人说：“这个杯子已经在这儿放了很久了，几乎每天都有灰尘落在里面，但水却一直很清澈，你知道是什么原因吗？”

读书人想了半天，顿时大悟道：“我懂了，所有的灰尘都沉淀到杯底去了。”

禅师点点头：“人生如杯中水，浊与清在于自己。”

心情如水，我们希望它是什么形状，它就是什么形状。没有办法改变现实，至少还可以调整自己的心情。

在自然界，潮涨潮落、日出日落、月圆月缺、燕子来去、花开花谢、春种秋收，这些现象或许都是自然界情绪的一种表现。人，也是自然界物体的一个组成部分，所以，我们的情绪也会像潮水一样涨涨落落。

但是，对于一个希望成功发展的人来说，不能任由情绪去自然地表现，要学会控制自己的情绪。因为一个无法控制自己情绪的人，一定也无法控制自己的人生。你的情绪若不正常，会直接影响到你的心态，也会影响到你的工作效率。试想，一个老板，一大早走进公司就阴沉着脸，下属看见了会做何感想？他会想：老板不是跟太太吵架了就是公司的事情有些不妙了。而如果你只是一个下属，你恐怕更得学会控制你的情绪，因为没有一个老板希望下属的情绪反复无常、遇到事情不会控制自己。

最近，美国密歇根大学心理学家南迪·内森的一项研究发现，一般人的一生平均有十分之三的时间处于情绪不佳的状态，因此，人们常常需要与那些消极的情绪作斗争。

消极情绪对我们的健康十分有害，科学家们已经发现，经常发怒和充满敌意的人很可能患有心脏病，哈佛大学曾调查了1600名心脏病患者，发现他们中经常焦虑、抑郁和脾气暴躁者比普通人高3倍。

因此，可以毫不夸张地说，学会控制你的情绪是你生活中一件生死悠关的大事。当你闷闷不乐或者忧心忡忡时，你所要做的第一步是找出原因。

25岁的林子是一名广告公司职员，她一向心平气和，可有一阵子却像换了一个人似的，对同事和丈夫都没好脸色，后来她发现扰乱她心境的是担心自己会在一次最重要的公司人事安排中失去职位。当她了解到自己真正害怕的是什么，她似乎就觉得轻松了许多。她说："我将这些内心的焦虑用语言明确表达出来，便发现事情并没有那么糟糕。"找出问题的症结后，林子便集中精力对付它："我开始充实自己，工作上也更加卖力。"结果，林子不仅消除了内心的焦虑，还由于工作出色而被委以更重要的职务。

可见，生活中的许多事不是像我们想的那么糟糕，只要我们能很好地控制自己的情绪，许多事是可以由消极转化为积极的。我们要做的是成为情绪的主人，做一个更有思想、更理智的人。

人类是一种情绪化的高级动物，而情绪的变化会直接影响到人们的生活。好情绪也好，坏情绪也罢，它总会随着人们的心情即兴地发挥，当坏情绪到来的时候，不但会使人们生活得不愉快，很多时候还会因此而得罪自己身边的人，甚至是要好的朋友。可以说，坏情绪给人们到来了种种不良的影响，是它导致了很多不愉快的发生。因此，我们一定要经常注意自己的情绪，并及时对其做出调整，使自己一直保持一个良好的精神状态。

当一个人心情愉快的时候，生活一定会非常的幸福和美满，每天都会生活在快乐当中。这这个时候，任何事物在自己的心中都会感觉很好，即使在处理一些繁琐的事情的时候，也不会因为麻烦而感到不快，同时也一定能和身边的人相处得非常融洽。反之，当一个人心情很差、情绪低落的时候，生活就会因此而变得严峻和残酷，他们会感觉到生活到处都充满了危机，各方面的压力压得自己喘不过气来。这样一来，每一个小小的触动都会引起这些人大发雷霆，在这些人身上，很难发现快乐的影子。怀有不良情绪去做事的人，始终都不可能将一件事情顺利地做好，因为在任何一次与别人交往时，他们都多会感到厌烦，从而导致了不能与他人友好地相处，这样就会产生一些不必要的争执，也就使事情无法顺利地进行下去。

其实，在很多时候一件糟糕事情的发生往往都是由不良情绪而引起的，而这种情绪是完全可以自我控制的。也就是说，只要我们能调整自己的情绪，克制自己，不把坏情绪发泄在别人身上，就可以顺利地做好每件事，从而也就会使自己生活得非常快乐。一个懂得自我调节情绪的人的人生一定是充满快乐的，他们可以将一切不愉快的事远远地抛在脑后，尽情享受快乐的生活。

保持内心的平静

英国伟大思想家欧文曾这样说："人类的幸福只有在身体健康和精神安宁的基础上，才能建立起来。"最美好的幸福和快乐需要建立在健康上面，一个失去健康的人即便是能体会到快乐，可始终都会有些缺陷。一个人情绪的好坏，将直接影响到他的健康。俗话所说的"笑一笑十年少，愁啊愁白了头"也就是这个道理。心理学家、医师、高级神经活动学说的创始人巴甫洛夫说："愉快可以使你对生命的每一跳动，对于生活的每一印象易于感受，不管躯体或是精神上的愉快都是如此，可以使你的身体发展，身体强壮。"

当一个人在心情不好的时候，往往会将自己关在房里，不跟人说话，锁着眉头胡思乱想，结果只会让自己心情变得更加不堪设想。所以，每个人都要学习放下不好的心情，让好心情主宰生活。下面阿祥的人生大转折故事，需要用一个平静淡然的心绪来深深咀嚼——阿祥是英国曼彻斯特市格雷大街中学的校工，尽管他的薪水并不高，每周只有5英镑，但他总是很尽责地把校园打扫得干干净净，包括校园角落里的杂物也一干二净，几乎到了一尘不染的完善地步。可没想到，到这年年底，阿祥一向都很敬佩的老校长退休了，新校长是约翰逊先生。新官上任三把火，约翰逊先生喜欢自命不凡，他上任没多久就宣布：从下周一开始，学校里的全体员工每天必须在考勤簿上签到，并且注明时间。否则，严办。

转眼到了周五，约翰逊先生把考勤簿拿来查看，只见上面被签得密密麻麻的，情况好极了！他满意地准备把考勤簿合上，却忽然发现了一处显得很不协调的空白，特别醒目。他马上命令："找来那个不服贴的人"。那个不服贴的人很快便被找来了，他就是阿祥。约翰逊先生一见他，便极为不满："听着，阿祥，所有员工必须在考勤簿上签到的制度你知道吗？"

阿祥恭敬地回答："当然，先生。"

"那么，"约翰逊先生追问道："你签了没有？"

阿祥实话实说："没有，先生。"

"我一旦订下制度，就意味着每个人必须照办。"说到这里，约翰逊先生顿了一下，又反问道："你懂吗？"

"非常清楚。"

约翰逊先生不禁有些愠怒："懂？那你为什么不签？"阿祥涨红了脸，半天不说话，以实相告："因为我签不好，没办法。"他的话让约翰逊先生吃惊不小："天啊！下一句话，你该不会说，你不识字吧？"

"确实不识字，先生。"阿祥回答。

"真是天方夜谭！简直令人难以置信：一个在教育机构工作的人竟不识字……"约翰逊先生略一沉吟，道："够了！阿祥，你知道我这儿不容许低效率，给你两周时间另谋生路吧！"这一下，阿祥真急了："可是，先生，我在这儿已经干了23年，校园里处处整齐干净，从来没有谁鸡蛋里面挑石头，为什么要辞退我？"

不等他说完，约翰逊先生便打断："事实倒是真的。但是，无论如何，堂堂教育机构总不能容忍一个文盲员工存在，这是最基本的原则。"见约翰逊先生下了逐客令，阿祥也只好怀着无可奈何的心情离开了校门，此时已近晚餐时分。然而，当阿祥准备到自己常去买香肠的那家食品店时，却猛地想起：这家食品店的店主前三周去世了，店门至今是铁将军守门——锁了一把锁。阿祥的心情坏到了极点，他暗暗地骂上帝："真该死，为什么整条街道不多开三五家香肠店呢？这样不更好为顾客这些真正的上帝服务？"

这时，一阵微凉的夜风悄悄地迎面吹来，一个念头也像闪电般跟着晃进了阿祥的脑子里：既然这样，自己为何不开一家呢？就把威格丝太太的食品店盘过来作为自己的谋生之路！他不禁为自己的构想而兴奋不已，失业带来的坏心情也被他抛到了九霄云外，连口哨都吹响了，响透心宫肺殿。

一个半星期后，他的食品店便正式开张了。开始时，生意很清淡，阿祥灵机一动：如果把香肠做熟再卖，不是更好打开新局势吗？于是顺应行动为主的性格，他开始加工香肠，并削制了许多小竹签子，把香肠夹在半切开的面包里、串在竹签子上卖。正11月份，天寒又多雾，热香肠诱人的香味吸引来一批又一批的顾客，使阿祥的生意自然愈做愈大，连开了十几家连锁分店。他并没有满足，迫切感到事业的长期发展需要新工人的技术水平，于是顺理成章地向学区教育委员会申请创建一所"香肠制作技术专科学校"。

申请得到了学区教委的大力支持，筹备工作进展得极为顺利，双方一致商定：由学区委派正、副校长，而教师，则主要从高、中级职员和技术工人中选聘。三天后，副校长给阿祥打来电话："阿祥香肠制作技术专科学校不久要开学，特请董事长题写校名。"阿祥不禁哑然失笑，回答："副校长先生，真对不起，还是请你们中间哪一位代劳吧，我写不好。"副校长很不愉快地说："阿祥先生，不要推辞了，像您这样卓有成就的实业家，不是出自‘剑桥’、‘牛津’，就是在其他名牌研究院所深造过。”见对方有所误会，阿祥只好坦言相告：“副校长先生，我真的写不好。说来也许您不相信：10多年前，我还是个大老粗，就连自己的名字也是做生意以后才练好的。”听到此言，副校长沉默了好一阵才说：“阿祥先生，您真了不起，因为在没有受过正规教育的条件下，一番大事业竟然如日东升。我大胆猜想，假如您10年前就能读会写，今天又该更上一层楼！不，更上三层楼？”

阿祥放声大笑，然后又自曝“家丑”：“10年前，我是格雷大街中学的校工，一周只不过5英镑！”

“啊……”电话里传来一声极其复杂的声音。原来这位副校长正是当年把阿祥赶出校门的约翰逊先生。真是阴差阳错。

这是意味深长的一段事实。在生活中，当我们遭遇一些不如意的事时，我们要狠下心来，把坏心情远远抛开，才能让自己重新开创连胜的征途。

人的一生注定会经历很多开心或是不开心的事，我们往往会因为受到一些不良因素的影响后产生坏情绪。诺贝尔医学奖得住卡瑞尔博士说：“在现代紧张的都市生活中，能够保持内心平静的人，才能免于精神崩溃。”对于生活在这个竞争激烈时代的我们，更应该学会自我调整自己的情绪，以便于可以更加健康地生活。

别让欲望毁了你

欲是人的一种生理和心理本能。人要生活下去，就会有各样的欲望。但是，欲也是有上限的，多了、大了，就会让你的心迷失了方向。当然，正确的欲望往往是人们通往成功之路的必然条件。

欲望让人富有成功的激情，欲望也让人的心灵过于沉重。欲望的心理对于那些成功的人来说是必不可少的。然后欲望的心理又让他们比别人过得更加烦重。

在小时候，经常听父辈们给我讲起《芝麻开门》的这个故事，这个故事说的是从前有一一群强盗，他们把所有抢来的财宝都收藏在一个山洞里。

有一天，一个上山打柴的年轻人无意中经过那座山洞，并且发现了强盗们正往洞里搬一些财宝，他的欲望心理一直支配着他，于是他慢慢地等，就这样等，终于一天之后，这些强盗关了山洞的大门，再一次出发抢东西去了。年轻人急忙走了下来，用自己身上的衣服包了一小部分的金币、珠宝，然后满足地走了。

回到家，他的哥哥知道了年轻人得到的奇遇，在他的软磨硬泡之下，年轻人把山洞的秘密说给了他，于是哥哥找了十匹马进了山里，经过一翻努力之后，他找到了那个山洞，于是他一次次地装满，再一次次地运走。

欲望的心理，使这个哥哥迷失了自己的心。一次不够运两次，两次不够运三次，可是这次他没有以前的好运了，强盗们在他把财宝运回家的时候回到了山洞，很快发现自己的财宝少了很多，他们肯定这个山洞被人发现了，于是就在山洞里藏了起来，等着那个偷财宝的人。

当年轻人的哥哥再一次进洞里搬运财宝的时候，强盗们走了出来，年轻人的哥哥发现情况不对了，于是想夺门而逃，可是他怎么是这些身手敏捷的强盗的对手，结果被这些强盗杀害后还把头挂在了洞里，以告诫那些发现洞中秘密并且想拿走他们财宝的人。

这个故事很简单，却告诉我们，如果一个过于贪婪，乱了本性，就会使其鬼迷心窍，最终走上不归之路。

美国耶鲁大学一位博士生曾经极有见地地写道："人类未来的希望不在于财富的增加，而在于欲望的减少。"

一个乞丐讲了个有意思的故事，作为乞丐的他总想着，自己什么时候能有个两万块钱就好了，他可以不用再行乞，就可以回家做一点小生意糊口。

机会真的出现了。有一天，这个乞丐在流浪时发觉了一只跑丢的小狗，这只小狗不同于以往的流浪狗，雪白的毛，漂亮的大眼睛，可爱极了。乞丐便把这狗悄悄地抱回了他的地窖里面。

乞丐没有猜错，这只狗果然不一般，它是国外进口的名犬，原来它是本市一位富翁的宠物。富翁平时对它宠爱有加，那天一不小心把狗给丢了，十分着急，在当地的电视台发了一则广告，只要有人能把狗还给他，就能得到2万元的报酬。

乞丐知道这个消息以后，手舞足蹈，一想到能拿到一大笔钱，想象着自己在老家可以过上的生活，乞丐差点笑出声来。他抱起小狗准备去领2万元的酬金，可是当他匆匆忙忙抱着狗路过贴示处的时候，发现启示上的酬金已经变成了3万元。原来大富翁着急找回自己的小狗，已经把酬金提高到了3万元。

乞丐向前的脚步忽然间停了下来，想了想又转身回到了地窖，重新拴起了小狗。他做了一个他一生都后悔的决定：他要等酬金继续涨起来，才把狗还给失主。就这样，第三天，酬金真的涨了，第四天又涨了，直到第七天，酬金涨到了让市民都惊讶的地步，大家都在议论这狗到底在哪儿，甚至有人放弃了工作专门去寻找这只小狗。

乞丐再也忍不住了，他飞快地从告示处跑回地窖，决定去领取那份让自己后半生衣食无忧的酬金，当他看见小狗，整个人都傻眼了，小狗一动不动地躺在那里。乞丐只惦记着酬金，可爱的小狗已经饿死了。乞丐的富贵梦破灭了，乞丐还是乞丐。

我们感觉不幸福，不是因为自己得到的太少，而是因为得到的不能让我们满足，欲望成为了我们到达幸福彼岸的鸿沟。

一只小老鼠穿越玉米地的时候，满地的玉米让它喜出望外，它刚想摘下一个大玉米的时候，就想：这么大的一片玉米地，前面一定有更大更甜的玉米。如果现在就摘下了这个，到时后面再有大的就拿不动了。于是它继续往前走，前方更大的玉米在诱惑着它放弃眼前可以摘到的玉米。直到穿过了整个玉米地，它还是两手空空。

欲望是无止境的，它会不断膨胀。可是现实中不可能总有运气来满足你不断膨胀的欲望。欲望太高，结果往往都会让一切成为泡影。控制自己的欲望，见好就收才是明智之举。

学会遗忘

每个人都有过去，有过辉煌，有过骄傲，也有过失败，还有过痛苦和失落。这些都储存在记忆里。于是，我们带着记忆上路，带着过去上路，带着以前的悲与喜上路。

有这样一个故事，有一个人去爬山，他带了一个很大很大的背包，里面都是些必需品，有食物、水、指南针、护理药品、绳索，还有各种各样的瓶瓶罐罐。这些东西太重了，山路又十分陡峭，还没有爬到一半他就累得喘起粗气来。他坐在地上歇了半天，然后又继续往前走。但是没有走多远，又累得满头大汗，只好又停下来，坐在路边休息。就这样，一会行，一会歇，总算爬到了半山腰。这时山上下来一个老农，见他这个模样不禁哈哈大笑起来。他问老农为何笑他，老农说："爬山就是向上走，眼睛就要向前看，没有用的东西就要统统丢掉。像你这个样子，就算爬到了山顶，恐怕也快累死了。"

年轻人一听，老农说得很对，于是就忍痛扔了那些没有用的东西，结果行起路来果然轻松了很多。

人生，也是向上走，眼睛，也应该向前看，不应该再去留恋过去。过去的，就让它过去吧，无论是什么，都已成为了历史，应该埋进时间的尘埃中去。

或许，你会留恋过去的辉煌、过去的掌声、过去的鲜花，但那些毕竟都是往事了，留恋是没有任何意义的，反而会成为累赘。

"智慧的艺术，就在于知道什么可以忽略。天才永远知道可以不把什么放在心上！”是的，该忽略的，就让它忽略；该放手的，就让它放手。生命的过程就如同一次旅行，如果把每一次的成败得失都扛在肩上，今后的路又怎么走?

所以，让我们把过去的一切埋葬，与过去说声再见，潇洒地跟往事干杯！

上天赐给我们宝贵的礼物之一便是“遗忘”。学会遗忘，可以放下过去的包袱，可以活得更加轻松。

人们往往忽略了遗忘，因为所有的教育、所有的理论都在强调记忆的好处。

美好的事物容易忘却，痛苦的记忆却总是长久地储存。因为那些事情的确撼动过心灵，而人类的天性似乎总是将目光锁定在“已失去”的或“没有的”，而忘记了“已有的”和“曾经拥有的”，这也是为什么我们会感到苦恼的原因。

一个人，只有学会淡忘，才会活得幸福。可是我们总又忘不了，这是因为我们不想放下，如果可以放下，自然也就可以淡忘了。

一座古庙，坐落于风光秀丽的峨眉山。山上树木秀美，山下绿水潺潺。

庙里有个老和尚，每天都会在傍晚时分出来散步。他有一条小犬，名叫“放下”。

小和尚觉得很奇怪，一直想知道师傅为什么给小犬起这么一个名字。老和尚不语，只说了句“自己去悟”。小和尚只好每天观察着师傅，他见师傅每天都会带着“放下”在林间散步，赏落日，迎清风，悠哉游哉，小和尚大悟。原来师傅每次叫小犬“放下”，也是在提醒自己放下啊！

人生总会有太多的负担，我们必须向那位禅师那样学会“放下”。因为只有这样，才会放下俗世烦扰，自由自在地生活。

有一个女孩，年纪轻轻得了白血病，眼见生命垂危，父母悲痛万分。女孩却很坚强，尽管她身体虚弱，但是每天都会给母亲讲笑话，让母亲陪她散步。

她喜欢夕阳，每天都会出神地坐在那里看它静静地沉落。她看得那样出神，以致忘了周围的一切。每到这时，母亲便会悲痛万分，她知道女儿之所以对夕阳那样迷恋是因为她知道自己以后再不会有机会看到了，因此她总会流泪。女儿笑着说：“夕阳落了，世界才会那样宁静。”

女儿的病已经越来越重，父母守在女儿的病床前，泪流满面。女儿仍是那样镇静，微笑着对他们说：“忘记我的离去，我就会永远生活在你们心中！”说完，女儿闭上了眼睛，他们痛不欲生，但女儿的话鼓励了他们。是的，忘记她的离去，她就会永远生活在你的心中。

人生的路上，我们所看到的，并不都是美丽的风景，这时，就要学会遗忘。遗忘，是一种解脱。只有学会遗忘，我们才能以更加积极的心态去面对生活。

坦然接受批评

促使一个人发火的原因有很多，最为常见的就是由遭到别人批评而引起的。无论在生活还是工作当中，我们经常都会看到这类事情的发生，一个人因为遭到别人的批评后到处发泄情绪，所有人都成为了他攻击的对象，愤怒的心理使他们变得极为暴躁。我们谁都会遭到批评，可以说这是我们生活中的一部分，越深刻的批评就越能使我们深刻认识到自己的不足之处，它是促进我们成长最好的帮手。所以说，我们不应该因为遭到批评而感到不愉快，甚至是发怒。

从小到大，我们挨过大人的骂，挨过老师的骂，也挨过其他人的骂。同样，那些历史上许多成就卓越的著名人物也都被人骂过，但是，他们都能以良好的心态去对待这些骂他们的人。而现在生活当中，你被人骂时，能以良好的心态去面对那些骂你的人吗？

美国的国父乔治·华盛顿曾经被人骂作“伪君子”、“大骗子”和“只比谋杀犯好一点”。《独立宣言》的撰写人托马斯·杰弗逊曾被人骂道：“如果他成为总统，那么我们就会看见我们的妻子和女儿，成为合法卖淫的牺牲者；我们会大受羞辱，受到严重的损害；我们的自尊和德行都会消失殆尽，使人神共愤。”但是他们并没有被吓倒，而是以良好的心态去面对这些人，所以他们才能做出如此之大的成就。

乔治·罗纳在维也纳当了很多年的律师，但是在第二次世界大战期间，他逃到瑞典，发时他很需要找到一份工作。由于罗纳是一个能说能写的人，所以他很自信地认为自己能找到一份很好的工作，这份工作就是作一名出色的秘书，但绝大多数的公司都回绝了他，说因为现在正在打仗，他们不需要用这种工作人员，不过他们会把他的名字存在档案里，当某天需要的时候再找他。

但在罗纳公司之前的最后一个公司的回绝让罗纳很生气，他们对罗纳说："你对我们所做生意的了解完全错误了。你既错又笨，我根本不需要任何替我写信的秘书。即使我需要，也不会请你，因为你甚至连瑞典文也写不好，你的求职信里大部分都是错字。"

罗纳很生气，他很想对那个人发火，但他还是冷静了下来，他对自己说："等一等。我怎么知道这个人说的是不是对的？我修过瑞典文，可是并不是我的母语，也许我确实犯了很多我并不知道的错误。如果是这样的话，那么我想得到一份工作，就必须再努力学习了。这个人可能帮了我一个大忙，虽然他本意并非如此。他用这样难听的话来表达他的意见，并不表示我就不亏欠他，所以我应该感谢他的提醒。"于是罗纳没有生气，而且感谢这位回绝他的人。

但让罗纳意外的事竟然发生了，那个回绝他的人对罗纳说："你能这样，让我感到很高兴，我希望你能加入我们，和我们一起努力奋斗，因为你的心态全使你更好地完成任何一件任务的。"

通过上面的故事，我们可以得出这样的一个启示，永远不要试图报复仇人，因为如果我们那样做的话，会深深地伤害了自己。要培养平安和快乐的心境，以感激的态度对待指责你的人，你也许能从中得到许多意料之外的好处。

马修·希拉绪指出："只要你超群出众，你就一定会受到批评，所以还是趁早习惯的好。"

因此，无论你是被人踢还是被人恶意批评，请记住，他们之所以做这种事情，是因为这件事能使他们有一种自以为重要的感觉，这通常也就意味着你已经有所成就，而且值得别人注意。很多人在骂那些教育程度比他们高的人，或者在各方面比他们成功得多的人的时候，都会有一种满足的快感。正如哲学家叔本华说过的那样：“庸俗的人在伟大的错误和愚行中，得到最大的快感。”

其实，批评不是一件坏事情，无论你被批评或批评人。所以，当我们听到有人说我们的“坏话”的时候，先不要急于替自己辩护。我们要理智地去会见批评我们的人。“敌人的意见，要比我们自己的意见更接近于实情。”罗契方卡也这样认为。我们必须要有这样一种胸怀，哪怕是面对别人尖刻的批评的时候，也要保持这样的风度：“如果批评我的人知道我所有的错误的话，他对我的批评一定会比现在更加严厉得多，或许我真的在这方面存在缺点呢。”

当我们受到不公正的批评时该怎么办?我们也应该欢迎这样的批评，因为我们不可能永远都是正确的。或许当你受到别人的恶意攻击而怒火中烧时，何不先告诉自己：“等一下……我本来就不是完美的，就像爱因斯坦这样伟大的科学家都承认自己99%都是错误的。这个批评可能来得正是时候，如果真是这样，那么我就应该感谢他了。”大凡事业有成的人，都能清醒认识到：不能给予他人忠言的人，不是真诚的人；不接受他人忠言的人，则是一个失败的人。正视白己的弱点，一定能走向成功。

不要放弃快乐的机会

人生并不是一直照我们的意思行进。如果照着我们的意思，那么，人生将会容易些、美好些。而且要更有趣，不会有痛苦和苦难。我们将不必工作，也不会死亡，我们会永远快乐。可惜的是，人生并非如此。

德国哲学家康德认为："快乐是我们的需求得到了满足。"的确，快乐是一种美好的状况，也就是没有不好或痛苦的事情存在，你觉得个人及周围的世界都挺不错。

曾有这样一个小孩，他实在是一个极为孤独而不幸的小孩。他出生时，脊柱拱起，呈怪异的驼峰状，而且他的左腿弯曲。

这个孩子的家庭很穷。在他还不满1岁的时候，他的母亲去世了。他慢慢长大，但别的孩子都避开他，因为他身体畸形，而且他无法令人满意地参加孩子们的活动。这个孩子名叫查理·斯坦梅兹，一个孤独不幸的儿童。

上天并没有忽视这个儿童。为了补偿他身体的畸形，他被赐予了非凡的敏锐和聪慧。查理5岁时能做拉丁语动词变位，7岁时学习了希腊语，并懂得了一些希伯莱语，8岁时就精通了代数和几何。

在大学里，查理的每门功课都胜人一筹。在毕业时，他用储蓄的钱租用了一套衣服，准备参加毕业典礼。但在消极心态的影响下，人们常常考虑不周，这所大学的当局在布告栏里贴了一个通告，免除查理参加毕业典礼的资格。

这件事使查理不再努力让人们尊敬他，而去努力培养同人们的友谊。为了实践自己的理想，他来到了美国。

在美国，查理四处寻找工作。由于其貌不扬，他多次受到冷遇。最后他终于在通用电气公司谋求到了一份工作，当绘图员，周薪12美元。他除了完成规定的工作外，还花很多时间研究电气，并努力培养和同事之间的友谊。

查理工作努力，成绩显著。他一生获得了200多种电气发明的专利权，写了许多关于电气理论和工程的书籍和论文。他懂得做好了工作便会得到赞赏，也懂得作出了贡献，便会使这个世界更有价值。他积累财富，买了一所房子，并让他所认识的一对青年夫妇和他同享这所房子。这样，查理过上了幸福的生活。

保持快乐的惟一方式就是抓住生活中的每一次机会，享受生活。当把快乐作为生活的一部分时，我们就会感到非常快乐。我们知道，内心的快乐跟脸上的快乐有很大的差别，前者能使我们充满自律、对人生心怀希望、带给周围之人同样的快乐。脸上的快乐具有能消除害怕、生气、挫折感、难过、失望、沮丧、懊悔及不中用的能力。当我们不管遭遇了什么事，硬是在脸上浮现笑容，就会使我们觉得再也没什么比这个更让自己难受了。

要想脸上表现出快乐的样子，并不是说不去理会所面对的困难，而是要知道学会如何保持快乐的心情，那样就有可能改变我们生活中的许多事情。只要我们能脸上常带笑容，就不会有太多的行动讯号引起我们痛苦。

同时，当我们在享受快乐的时候，也要警告自己，总是把快乐寄托在明天本身就是一个巨大的错误。现在的许多年轻人，他们整年无休止地工作着，放弃了每一个放松和追求快乐的机会，他们不让自己有任何的奢侈行为，不去看一场戏或听一场音乐会，也不去进行一次郊游，不会去买一本自己渴望已久的书。他们想，等自己有了足够的金钱时，就会有更多的享受了。每一年，他们都渴望着来年自己会过上幸福的生活，或许可以做一次奢侈的旅行。但是，当第二年来到的时候，他们会发现自己必须再忍耐一些、节约一些。于是，一年年的这样推迟，直到麻木。最终，他们得到的是整天抱怨生命的不幸。

可以肯定地说，如果一个人有充足的理由去抱怨他的不幸的话，这个人一定是海伦·凯勒。海伦出生时便是聋、哑、盲者，她被剥夺了同她周围的人进行正常交际的能力，只有她的触觉能帮助她把手伸向别人，体验爱别人和被他人所爱的幸福。

但是，由于一位虔诚而伟大的教师向海伦伸出了友爱之手，这位既聋又哑又盲的小姑娘终于成了一个欢乐、幸福、成绩卓越的女性。海伦小姐曾经写道:任何人出于他的善良的心，说一句有益的话，发出一次愉快的笑，或者为别人铲平粗糙不平的路，这样的人就会感到欢欣。

海伦·凯勒正是同别人分享了优良而称心的东西，从而使自己得到更大的快慰。与别人分享的东西愈多，我们获得的东西就越多。

这就是说，成就是快乐的基础。但要做个有成就的人，必须知道自己想成就的是什么？否则就会像在太平洋中驾船却没有指南针一样，随风飘荡，虚掷一生，却哪儿也没去成。

成就也并不是做做梦就能获得的。只有不断奋斗，才会获得成功，才会有快乐的人生。

做自己情绪的主人

心理学显示，人类有九大情绪，其中有一个是中性的，正面的情绪有两种，而其余六种都是负面的情绪。由于人的负面情绪占绝对多数，因此，人不知不觉就会进入不良情绪状态。我们只有把好的情绪充分调动出来，使大家经常处于积极的情绪当中。好的心情，使你产生向上的力量，使你喜悦、生气勃勃，沉着、冷静，缔造和谐。大凡开心快乐、生活美好的人都是生活中自我情绪的调控高手。他们是怎样做到的呢？

（一）爱人的心

在世界的每个角落，我们都可以发现美的踪迹，在生命最轻微的呼吸中，我们也能够感觉到美的奇迹。一沙一世界，一花一天堂。这些美好的感觉，只有拥有一颗爱心的人才能够发现。因为他们拥有能够把爱心化为一种温情的力量，这种温情能够穿越冰山，融化冷雪，就如雨后的彩虹、冬日里的阳光一样，把美丽播撒到世界的每一个角落。拥有爱心的人，是世界上最有影响力的人。

（二）感恩的心

感谢命运，感谢生活。常怀感恩之心的人，会生活得很快乐。感谢那些用言语中伤你的人，因为他们让你学会坚强，学会在逆境中生存。感谢那些曾经欺骗过你的人，因为他们丰富了你的智慧。感谢那些否定你的人，因为他们磨炼了你的意志。用感恩的心看待世间之事，你的生活就如百花一样灿烂与芬芳。

（三）好奇的心

不满足是向上的车轮。人们为什么而不满足呢？是因为人们有好奇心，用好奇的心去探索，人生无论成长到哪个阶段，都不能丢失了好奇心，像个孩子一样去欣赏那些美妙的事情。好奇心让你敢于尝试，便会创造一些别人没有的机会。如果你不希望你的人生暗淡无光、索然无味，那就保持你的好奇心，让你的潜能得到发挥。人生是一场永无止境的学习与探索，其中“好奇”是发现神奇的动力。

（四）热情的心

在一条起跑线上，当一声令下，你就要冲击目标，就要争分夺秒。把握时机、提速前进、排除万难，而拥有一颗热情的心会让你赢得时间、赢得主动，大获成功。热情具有强大的力量，它会为你的生活增色添彩，也会把你的困难的难度系数降低，甚至会将它化为机会。

（五）坚忍的心

做事情只有热情是不行的，你一定要具备一颗坚忍的心。做事“三分钟热情”的人常有，然而没有几个能够到达胜利的彼岸，多数都是浅尝辄止。其主要原因是，缺乏毅力。毅力能够决定我们在面对艰难、失败、诱惑时的态度，看你的毅力是否能够坚持到最后。如果你是个很胖的人，想变得美丽，就得去减轻身上多余的负担；如果你的事业受挫，想重整旗鼓，就得从头开始，一步一个脚印；如果你想做好任何事情，那么你一定要具有毅力，做事情如果没有毅力做基石，那么你注定会失败。

毅力是你动力的源头，能把你推向任何想追求的目标。一个人做事是勇往直前或是半途而废，就看他们是否具有毅力的“情绪肌

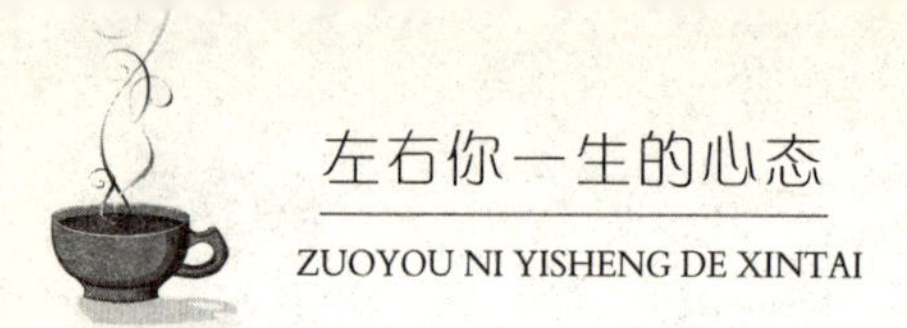

肉”。单单埋头苦干并不表示你就拥有毅力，你必须能够观察到现实情况的变动，并不失时机地改变自己的做法。

（六）变通的心

你要有一颗变通的心，它会帮助你更快地取得成功。根据目标作出相应的改变，是一种弹性的做事方法。一条小河的目标就是有朝一日能够融入大海的怀抱，所以它经历重重阻挠，绕过高山与岩石，又穿过森林和田园，一路奔腾，畅行无阻。可是当它来到沙漠时，却被困住了，因为无论它多么努力都无法越过沙漠，每次都是渗到泥沙之中。这时候智者点醒了它，不要一味地向前冲，要学会利用一切优势，找到切实可行的办法，那么终会达成心愿。于是小河投入了微风的怀抱，蒸发了，化做轻盈的水汽。第二天，它又化做了小雨点，终于融入了浩渺的大海，完成了它的心愿。要你选择弹性，其实也就是要你选择快乐。每个人在人生中，都会遇到诸多无法控制的事情，然而只要你的想法和行动能保持弹性，那么人生就能永保成功。

（七）自信的心

如果自己都不相信自己的话，那么将没有人相信你！

如果让成年人去造句，他一定会信心百倍地说出许多优美的句子，然而让初学造句的小学生来完成，他就要绞尽脑汁地去思考，而且造出的句子也许还会出错，不尽人意。人们往往对于自己做过的事情有信心，就是因为对这些事情不陌生，也不恐惧。

如果想对未做过的事情有信心，就要在自己的内心建立强大的信念：“我有信心把它做好，我自己是最棒的。”想想你为什么没有信心？是因为你的胆子不够大、不勇敢、怕失败？与其一个人担忧，不如把担忧的时间放在行动上，只要用心去做，不必考虑结果。正是因为你把心力放到了行动上，你往往会取得意想不到的成功。要记住，你因自信而美丽。

（八）快乐的心

快乐是人生的追求，要想让自己很容易变得快乐，你就必须有颗快乐的心。

拥有快乐的人，他的内心更多了一份坦然、达观，困难不能使他感觉到恐惧，也不会有挫败感，不开心的事情，也不会让他气愤。

（九）活力的心

保持一颗活力的心，首先要有一个健康的体魄，其次要保持有足够的精力。要想保持足够的精力，就要多多加强体育锻炼。研究发现，人越是运动就越能产生精力。人在运动的时候可以让大量的氧气进入身体，让身体器官都能充分活动起来。另外，每天睡眠保持在六至七小时。保持富足的活力、控制良好情绪，是获得美好生活的必要因素。

（十）奉献的心

当你独自走在路上，有位迷路的阿姨向你投出求助的眼神，你会无动于衷吗？当公交车上老人步履蹒跚地从年轻的你身边走过时，你还会坦然地坐着吗？帮助别人不仅能够丰富你自己的人生，而且你的心里会有无限的满足与兴奋。一个能够独善其身并兼济天下的人，那才叫活出了人生的真谛。拥有服务精神的人生观是无价的，如果人人都能效法，这个世界定然会比今天更美好。你应该在努力学习知识的同时，拥有属于自己的那份自信，并通过无私的付出与拼搏，取得真正的成功，并获得永恒的快乐，你便会拥有这世界上一切美好的东西。

原来，拥有十“心”，是成为情绪控制高手的必要条件，那么，你想成为情绪控制的高手吗？快快行动吧！

用微笑面对人生

微笑，一个美好而温馨的词语，好似蓝天下的明媚阳光，让人心情开朗；又如绿叶上的一滴露珠，给人无限的希望。每一个发自内心的微笑都具有神奇的力量，它可以消除人与人之间的误解，可以拉近两颗心的距离，让幸福的感动在每一个看到微笑的人的心中荡漾。

微笑着生活，微笑着迎接生命中的每一天。不要抱怨生活给予了我们太多的磨难，不要抱怨生命中有太多的曲折，把每一次的失败都归结为一次尝试，不去自卑。把每一次的成功都想象成一种幸运，不去骄傲。就这样微笑着，从容地面对挫折，享受生活，享受生命中的每一天。

微笑是一种令人愉悦的表情，是一种宽容，是一种真情的流露，它可以使人与人之间心心相通。喜欢微笑的人往往更容易走进他人的内心深处。在工作中，微笑更是一把打开人气的钥匙，它可以让你拥有良好的人际关系，没有它，你的工作做得再好，也难以步入晋升的大门。

珍妮是个既没有什么背景，也没有什么技术专长的普通的美国女孩。当美国两河航空公司招聘员工的时候，珍妮带着她的微笑满怀信心地走进了面试间。面试开始了，主考官却是背对着珍妮说话。珍妮有几分不解，但她还是很自信、愉快地回答了所有的提问。最后，主考官转过身来，对她解释道，因为她的工作将是通过电话来完成有关的预约、取消、更换或是确定飞机航班的事宜，他背对着她，并非无视她的存在，而是在体会、感觉她的声音里是否加进了微笑。结果可想而知，珍妮被录取了。而且，她在以后的工作中，通过电话，使顾客感到她的微笑一直在伴随着他们。

如果说行动比语言更有力量，那么微笑，这种无声的行动，则比有声的行动更具有力量。

微笑的力量是很大的。美国的电话公司有个项目叫“声音的威力”。在这个项目里，电话公司建议你，在接电话时要保持笑容，而你的“笑容”是由声音来传达的。

俄亥俄州辛辛那提一家电脑公司的经理谈到他如何为一个很难填补的缺额找到了一位适当的人选时说：

“我为了替公司找一个电脑博士几乎伤透了脑筋。最后找到一个非常合适的人选，是一位将要从普渡大学毕业的学生。几次电话交谈后，我知道还有几家公司也想让他去，而且都比我的公司大而有名气。当他接受这份工作时，我真的非常高兴。他开始上班时，我问他，为什么放弃其他的机会而选择了我们公司？他停了一下说：‘我想是因为其他公司的经理在电话里冷冰冰的，商业味很重，那使我觉得好像只是另一次生意上的往来而已。但你的声音，停起来似乎你真的希望我能够成为你们公司的一员。你可以相信，我在听电话时是笑着的。’”

不管是和相识的人还是和不相识的人在一起，一个真诚的微笑都会让人感到阳光般的温暖，因为微笑表达了你的情感，表达了你对对方的感觉，那是积极的，令人兴奋和愉快的。

当你求人帮忙时，别忘了带上你的微笑，那会让他人更愿意伸出手来帮助你；当你受到他人的恩惠时，别忘了在“谢谢”之外回赠一个微笑，那会让人感到付出的满足；当你称赞别人的时候，别忘了加上微笑，那会令你的称赞更加真诚；当你被人误会时，也要微笑，因为当真相大白、水落石出之时，你的笑会使你更美。

正所谓：

一个赞许的微笑，会增强他人的信心；

一个善意的微笑，会化解彼此的误会；

一个真诚的微笑，会给身边的人带来温暖；

一个鼓励的微笑，会给逆境中的人以力量；

一个天使的微笑，会给世界带来无限的光明。

威廉·史坦是股票经纪人，他在给朋友的信中这样写道："我已经结婚18年了，在这段时间里，从早上起来到上班，我很少对我太太微笑或者对她说上几句话。我是百老汇一个最闷闷不乐的人。"

当威廉·史坦明白微笑的作用后，他就决定进行一个星期的专门训练让自己成为一个会微笑的人。因此，第二天当他早晨梳头透过镜子看到自己满面愁容的时候，他对自己说："你今天要把脸上的愁容一扫而空。你要微笑起来，你现在就要微笑。"当他坐下吃早餐的时候，他微笑着对太太说："早安，亲爱的。"结果他的太太说他微笑的时候，充满了慈祥和友善。

在微笑中生活，威廉·史坦还改掉了总是批评人的习惯，取而代之的是赏识和赞美他人。他开始停止谈论自己想要的是什么，更多的时候是尝试着用别人的观点来看待事物。

行动上的逐渐改变，使威廉·史坦在情感和友谊方面获得了从未有过的满足感，使自己变成了一个与过去完全不同的人，一个在精神生活方面真正愉快而富有的人。

“我喜欢一起床，就看见大家微笑的脸庞。”这样的歌词真的很棒，清晨醒来，给自己一个微笑，给家人一个微笑，给朋友一个微笑，你会发觉心情自然会好起来，即使是在阴霾的天气，也可以让一天的生活都充满阳光。而且更重要的是，快乐是可以传染的，每一个你曾对他微笑过的人会同样像你一样地快乐，并把快乐带给别人。

当我们身处逆境的时候，不要抱怨自己的命运不好，要在逆境中看到希望。要学会换个角度去思考，微笑着面对困难，把困难看成是对自己的挑战。这样，也就不会感到悲观失望，再大的困难也会迎刃而解。

有这样一个故事：有一位爱疑神疑鬼的人，总是怀疑自己有病，便到医院去检查。医生诊断后告诉他，你没有病。他还不信，非让医生给他透视照相不可。逼得医生没办法，只好给他拍了一张片。紧跟着一位病得很重的人也进来拍片。过了两天底片冲洗出来，两个人的底片在装病例档案时不小心放错了。医生一看，大吃一惊，连声道歉：“没想到您的病这么重，我们竟没看出来，赶快用贵重药，赶快回家休息吧！”本来这个人心眼就小，疑神疑鬼，没病都怀疑自己有病，这下子就更受不了了，精神几乎崩溃，整日忧心忡忡，后来竟真的得了病，越来越重，没过一年，他就告别了人世。

而另一个人，本来就不把患病当一回事，一看底片，一切正常了，心里更轻松了，整天高高兴兴地锻炼身体，正常上下班，再过一年复查，病灶真的没有了。

后来，人们才发现底片弄错了。为什么没病的人，反而病得离开人世了呢？关键是他施加了自己病重快不行了的潜意识，从那里接受了不行了的指令，便编制了身体各部分器官全面衰退的程序，最后自己真的就不行了。

另一个人的潜意识则编制了自己没病、自己能行的程序，身体各部器官按照这一程序，清理了“不行”的病灶，身体便恢复了健康。

记住人们常说的那句话：生活是一面镜子，你对它笑，它也会对你笑。微笑着生活，微笑着把尘封的心胸敞开，放飞自己的心灵，在天空自由地飞翔，你会发现天地是那么宽广，人生是那么美好，生活中的每一天都是阳光普照。微笑着生活，活出一种尊严，活出一种力量，活出坚强的自我，不向金钱献媚，不向权势卑躬，不向命运妥协，在心若止水的状态中看红尘飞舞，潇洒高歌，让快乐伴我们一路前行。

微笑是生活的乐土，是心灵的盛宴，是快乐的温床。微笑着的我们，要用微笑的力量，去温暖周围的每一个人，去温暖走过的每一个角落，直到每一个人的脸上都溢满灿烂的阳光，直到走过的每个地方都留下快乐的足迹。微笑着生活的人并不是没有痛苦和眼泪，只不过善于将痛苦锤炼成拼搏的动力，将眼泪化做心路的明灯。

生活是美好的，只是我们在忙碌中忘记了去细细地品味其中的甜美与香醇。我们要微笑着生活，微笑着迎接生命中的每一天，做一个真正快乐的人，活出精彩的自己！